秋田を学ぶ
※ 文化と歴史 ※

はしがき

　日本の少子高齢化と東京一極集中が明瞭となった1970年代以降、地域活性化や町おこし、さらに昨今では地方創生等の言葉を見聞きする。なかでも秋田にとっては、超高齢化と少子化の克服は喫緊の課題である。それでは、地域活性化の方法を考案し、地域に貢献するには、どのような知識や能力が必要なのだろうか。

　平成26年（2014）、秋田大学教育文化学部に「地域文化学科」が創設された。そこでは、私たちを取り巻く地域に貢献するための知識や体験を培い、企業・自治体を問わず地域の活性化を担える人材を育成するために多くの授業が開かれている。本書はこの学科の創設以来、入学後まもない一年生が受講してきた、ふたつの必修科目をもとに書かれている。

　ひとつは「秋田学基礎」である。学生は自然・経済・政治や言語・文化・海外等の様々な観点から秋田について座学で学ぶ。これを通じて、秋田が向き合う課題や未来を考えるための知識を得る。もうひとつは「地域学基礎」である。学生は教室さらに大学の外に出て、主に秋田県内の企業や自治体、事業所の方々への聞き取り調査や現場の観察等、フィールドワークを行う。

　ふたつの授業を通じて、学生は秋田という地域の実情を知識と実践の双方から学ぶ。そこから秋田に限らず、日本そし

て世界各地に広がる大小様々な地域を多面的に捉える力を身に付ける。さらに、そこで得た地域に対する考え方は自然科学・社会科学・人文学からなる専門教育で生かされることになる。

　本書は、「自然と社会」編と「文化と歴史」編の二冊からなる。主に令和3～4年度（2021～2022）に行われた「秋田学基礎」と「地域学基礎」の内容の一部を、それぞれ章とコラムで扱う。いずれにおいても、秋田の地域としての特徴が論じられ、秋田に住み、働く人々、そこで作られた商品や作品等も登場する。

　現在、秋田をはじめとする日本各地を取り巻く状況は自然・経済・文化等のあらゆる面で変わり続けている。大学も日々その変化への対応を迫られている。読者の皆さんが本書を手に取った頃には、「地域文化」という学科は姿を変えているかもしれない。

　しかし、秋田という個性と歴史のある地域に関して、本書から得た知識や視点は今後の秋田にとって必要であり続けるはずである。興味のある学問分野を扱う章、あるいは最寄りの自治体や好きなテーマを取り上げるコラム、どこからでも読んでいただきたい。秋田を学問的な知見に基づいて客観的に考えてみることで、これからの秋田を見据える第一歩となれば幸いである。

編者一同

凡　例

1. 図・表・地図については、キャプション内に出典やデータ提供元等を記している。それらの明示がない場合は、著者が独自に作成したものである。

2. 風景や建物等の写真については、キャプション内に撮影者やデータ提供元、書籍等の出典等を記している。それらの明示がない場合は、著者自身が撮影したものである。

3. 本文中で、※が付された学術的な用語や外国語等については、同頁内に補説説明が記されている。

4. 本文中で、原典資料や書籍の文章を直接引用する場合には、「　」内に記すか改行して、原文等が記されている。

5. 参照・引用した書籍、刊行物、統計データ等の典拠を記載する方法は学問分野により多様である。著者ごとの統一にとどめ、全体では統一していない。

6. 章末の引用・参考文献・資料には、紙幅の都合から、入手しやすい書籍や閲覧可能なサイト名等が優先して掲載されている。

目次

はしがき ……………………………………………………………… 1

凡例 …………………………………………………………………… 3

第1章　秋田の言葉

秋田弁の多様な特質とその現在地　　　　大橋　純一

　究極の省エネ言語 ……………………………………………… 8
　「省エネ言語」が可能な背景 ………………………………… 10
　日本語の歴史の生き証人 ……………………………………… 12
　秋田弁が辿ってきたいばらの道 ……………………………… 17
　「方言プレステージ」時代 …………………………………… 20
　新しい地域差を探る …………………………………………… 25

コラム 1　秋田の映画文化を大学で学ぶ　　　　　　　30
　　　　　　　　　　　　　　　　　　　長谷川　章

第2章　秋田の歴史

大名・旗本の支配と史料　　　　　　　　清水　翔太郎

　江戸時代の「秋田」から秋田県へ …………………………… 34
　江戸幕府の成立 ………………………………………………… 35
　大名・旗本の類別 ……………………………………………… 36
　秋田の大名・旗本 ……………………………………………… 39
　秋田藩の成立 …………………………………………………… 44
　秋田藩の史料 …………………………………………………… 48
　アーカイブズによる史料整理と公開 ………………………… 55

コラム 2　文化的公共施設としての映画館　　　　　　58
　　　　　　　　　　　　　　　　　　　中尾　信一

第3章 秋田の美術

西洋絵画の源流から観る　　　　　　　　　　佐々木　千佳

秋田蘭画の驚愕 ……………………………………………………… 62
西洋の知の受容と『解体新書』扉絵 ………………………………… 67
西洋画法と『写生帖』 ……………………………………………… 74
佐竹曙山筆「湖山風景図」と風景画 ………………………………… 79
小田野直武筆「不忍池図」と静物画 ………………………………… 83

コラム 3　　映画鑑賞環境の変化　　　　　　　　　　　　　96
　　　　　　　　　　　　　　　　　　　　　　辻野　稔哉

第4章 秋田の近代化

イザベラ・バードの異文化体験　　佐藤　猛・内田　昌功

英国女性の日本旅行 ……………………………………………100
内地そして秋田へ ………………………………………………101
プライバシーへの侵入 …………………………………………104
久保田でのもてなしと気遣い …………………………………107
米代川の水害 ……………………………………………………112
日常の一部としての水害 ………………………………………118

コラム4　「あきたの食」から「ヨーロッパ文化の新発見」まで　122
　　　　　　　　　　　　　　　　　　　　　　石井　照久

第5章 秋田の伝説

田村麻呂伝説の変貌　　　　　　志立　正知

昔話と伝説 ……………………………………………………………… 126

秋田の田村麻呂伝説 …………………………………………………… 127

歴史の中の坂上田村麻呂 ……………………………………………… 131

『清水寺縁起』から『田村三代記』へ ……………………………… 132

女米木・高尾山の田村麻呂伝説 ……………………………………… 134

新聞小説『夜叉丸』 …………………………………………………… 142

田村麻呂伝説の拡散 …………………………………………………… 144

伝説とメディア ………………………………………………………… 146

コラム 5　ありふれた日常の風景から探る地域らしさ　　150
　　　　　　　　　　　　　　　　　　　　　　羽田　朝子

第6章 秋田と現代世界

県北の旧鉱山地域からみるグローバル化　髙村　竜平

グローバル化する世界の中の地域 …………………………………… 154

鉱山地帯としての北鹿地域の形成 …………………………………… 157

黒鉱の時代 ……………………………………………………………… 161

リサイクルと廃棄物処理 ……………………………………………… 165

アジアからの鉱山労働者の軌跡 ……………………………………… 170

北鹿地域にみるグローバル化 ………………………………………… 173

コラム 6　小坂町「康楽館」における町民の演劇活動　　176
　　　　　　　　　　　　　　　　　　　　　　大西　洋一

あとがき ……………………………………………………………………………… 180

著者紹介 ……………………………………………………………………………… 182

第1章 秋田の言葉

秋田弁の多様な特質とその現在地

大橋　純一

究極の省エネ言語

　　A.　「どさ？」

　　B.　「ゆさ！」

　秋田弁の特徴を言い表そうとしたとき、このやりとりが標語のように取り上げられることが多い。「ど」は「何処」、「ゆ」は「風呂」、「さ」は助詞の「に」に相当するので、注釈を加えれば

　　a.　「何処に行くの？」

　　b.　「風呂に行くところだよ！」

といったところだろうか。それに引きかえ、上記の二者は実質「ど」と「ゆ」としか言っていない（それでいて会話は成立している）のであり、県外の人には少々ショッキングな事例として受け取られがちなようだ。

　しかし、このような縮約を極めた言葉の例は、秋田弁の日常では枚挙にいとまがない。

- A.　「け」（これを食え）
  B.　「く」（うん、食うよ）
- A.　「これ け」（これを食え）
  B.　「こっち け」（こっちに来い）
  C.　「ここ け」（ここが痒い）

- 「ねねば ねのに ねね ね」((あの子は) 寝なければならないのに (なかなか) 寝ないね)

つまるところ、「け」と「く」の2文字きりでしか交わされない会話の例、「け」1文字が複数の意味を掛け持ちする単語の例、図らずも「ね」ばかりが繰り返されて異質に見える表現の例…。これらは、(実際は文法や発音の問題が孕み、言語学上は大変に興味深い事例であるが) 県民からすれば暮らしの中で自然と身につけてきた、至極当たり前な言語所作といえるものなのだろう。秋田弁が「究極の省エネ言語」と評される所以である。

こうした縮約の事例を目の当たりにして、よく言われるのが、それが秋田特有の気候 (＝寒さ) に由来するものだと考える説である。

- 冬の秋田は寒さが厳しく唇もこわばるため、口をあまり動かさずに発音する習慣が身についたのではないか。
- その寒さゆえに、ゆっくりと外で立ち話もできず、発音ともども、短い言葉で簡略化して伝え合うコミュニケーションが身についたのではないか。

言い方は違っても、このような言説は広く世間に流布しているし、特に冬場の厳しさを身をもって知っている秋田県民が、いの一番にそうした理屈を主張したくなる気持ちもわからないではない。しかし、寒い地域は何も秋田に限ったことではないし、さらに世界の言語を広く見渡したとき、同じような因果関係が共通に見出せるかというと、その見極めも決して簡単なこととはいえない。秋田弁の上記の特徴を語るに

第1章　秋田の言葉—秋田弁の多様な特質とその現在地—　9

は、もう少し言語それ自体の原理・原則、そしてまた秋田の地域特性、それに即した県民の人間性のようなものを深く見つめる必要がありそうだ。

「省エネ言語」が可能な背景

　上に見てきた「どさ→ゆさ」の事例のように、秋田弁がとかく簡略化して現れがちな背景を、まずは言語が有する原理・原則の面から探ってみよう。少し専門的な話になるが、言語は元来、「人間ができるだけ労力を使わなくてすむように、効率的に出来上がっている」（町田健2004、p.162）ことが必定であり、言語学ではそれを「言語の経済性」とか「経済の作業原則」などと呼ぶ。これは特に変化の側面から見ると分かりやすいが、言葉が放っておくと楽な方へと効率化していく宿命にある事実は、誰もが経験的に理解できることなのではないか。

　たとえば古典と現代語を見比べてみて、古典にはあった下二段活用や変格活用が現代の共通語では淘汰または統合され、すっかり簡素化していることなどがそれである。他にも、古典では言い分けられていた過去・完了形（き・けり・つ・ぬ・たり・り）が今や過去形（た）ひとつに集約され、近接する意味領域が随分と身軽になっていたりするのも適例である。このように、言語変化の原理・原則は、何よりもその歴史が雄弁に物語っているといえる。また歴史といった仰々しい話を持ち出すまでもなく、私たちの日常で旺盛かつ不可欠な略語の現状（入試［入学試験］、通販［通信販売］、PC・パソコン

［パーソナルコンピュータ］、コンビニ［コンビニエンスストア］など）を見るにつけても、言葉が自らの習性として、多くは効率的な方を志向しがちなことが明瞭である。秋田弁はこのような習性に唯に粛々とつき従っているのであり、それが究極に行き着いた、全国有数の「省エネ言語」なのである。

　しかし一方、仮にそうであるとして、その原理・原則にいち早く適応させ、忠実たらしめたのが何故秋田弁だったのか。逆に「どさ→ゆさ」のやりとりが東京はじめ、首都圏の言葉では生じ得なかった理由は何なのか。これに関しては、言語それ自体の事情に留めず、さらに突きつめて考えてみる必要がある。

　そこで着目したいのが、先にも触れた秋田の地域特性（それに伴う人間性）に関してである。秋田は日本列島の周辺に位置し、地理上は「田舎」であることが否定できない反面、特に山間・農村地区ではいまだ地域や人どうしの結びつきが強く、互いの顔が見える間柄での暮らしが主体である。そこには世代を通じて築かれてきた人間関係、言わずとも分かり合える信頼関係が存在すると考えられる。まさに以心伝心、その阿吽の呼吸ともいえる関係性が、上記のような「省エネ言語」を許容してきたのであろう。「どさ→ゆさ」の例は、傍から見るといかにも特異なコミュニケーションであるが、そこには真っ当な言語学的事情があることを、そしてまた秋田ならではの奥深い背景がありそうなことを、同じ秋田に関わりを持つ者として、心に留めておきたいものである。

第1章　秋田の言葉─秋田弁の多様な特質とその現在地─　11

日本語の歴史の生き証人

古文献との対照

　秋田弁の特質を言い当てるのに、上記に加えてもうひとつ力説しておかなければならないことがある。それは、秋田弁が古い日本語の姿を今に伝える貴重な生き証人だということである。一見すると垢抜けない印象もある秋田弁のこと。そう聞いて意外に思う人は少なくないかもしれない。しかし、秋田の日常で今も広く用いられる「～べい（行ぐべい・やるべい）」などは、まさに古典語に頻出する助動詞「べし（べき）」の音便形に他ならないし、足の「踵（かかと）」を意味する「アクド」。これも江戸後期の戯作類に登場する「あくと」の残存と受け取れる。さらに東北全域に分布する「マナグ（目）」であるが、『日本国語大辞典 第二版』(小学館)には「まなこ（眼）の変化した語」との説明があり、その用例に「其の雷ひかりひろめきてまなこかかやく」(『日本書紀』720) の一文が引かれている。『日本書紀』といえば、言わずとも知れた日本最古の勅選国史である。要は、秋田や東北で今話されている方言のいくつかは、こうした古き時代からの時空を超え生きながらえてきた、貴重な文化遺産なのである。

　ところで、以上のような語彙・文法の例は、それが形として実際にある（目に見える）分、残存の道筋は比較的辿りやすいといえるかもしれない。では形に現れない発音の場合はどうだろうか。結論からいうと、以下のハ行音の例からもわかるとおり、秋田弁の文化遺産としての特質は、発音の面に

おいてこそ切実に感じ取ることができる。

ハ行音

　秋田弁の音声を象徴する一例として、ハ行音がファ行音に現れることが挙げられる。これについては、たとえば言語学者の金田一春彦が、『日本方言学』(1954) の一節で「東北の体操の教師が、ファシリファバトビファジメと号令をかけていた」(p.132) と書き記していることが参考になる。1950年代といえば半世紀以上も前の話であり、さすがに近年は聞かれないと思いきや、秋田に生まれ育った年配の方に尋ねると、今も「フィ（火）」、「フェ（屁）」、「ファグ（百）」のように、さらに直近の年号でも「フェーセー（平成）」のように回答される（ないしは少し上の世代は皆そう言っていたと回答される）ことが少なくない。これらからすると、秋田ではそれほど遠くない時代まで、ハ行音をファ行音に発音する習慣があったと推測できる。

　それにしても、「屁」を「フェ」のように発音するというのは、特に県外の若い世代にとってはにわかには信じがたく、むしろ東北訛りの典型のように感じ取る人もいるだろう。しかし残された古文献との対照によれば、これも明確に、古い日本語の規範的な発音に合致するものと同定できる。

　図1の『なぞたて』(1564) は"謎をかける"の意味で、今でいう"謎々集"がこれに当たる。問いと答えから成る二段謎で、そのくだりの一節に図のような問答が現れる。これには「母には二たび逢ひたれども　父には一度も逢はず（お母さんに

は二度会うのに、お父さんには一度も会わない（ものはなんだ？）　くちびる（唇）」とある。当時、この謎かけから、「母」のみが唇を二度合わせられる（「父」ではそれがかなえられない）ことを解かせようとした真意は何だったのか。上記のハ行音の問題と照らし合わせれば、大方の察しはつくはずだ。つまりこの正解が「くちびる」であることは、当時の「母」の発音が唇音「fafa」であったことの何よりもの傍証となるのである。

他方、図2の『日葡辞書』(1604)［岩波版『邦訳日葡辞書』

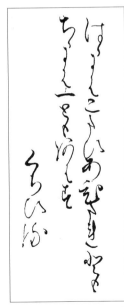

図1　『なぞたて』(1564)
　　（沖森編1991より）

図2　『邦訳日葡辞書』(1604)
　　（土井ほか編訳1980より）

Ficari. ヒカリ（光）　光. ¶ Ficariuo fanatçu.(光を放つ) その物自体が光を発する、あるいは、放射する. ¶ また、比喩. ある善い行為をすることによって光彩を放つ、あるいは、良い模範を示す. ¶ Ficariuo tçutçumu.(光を裏む) 光を覆い隠す、また、時としては、徳とか名声とかをつつみ隠してあらわさない意味に取られる. ►Cacayacaxi, su; Saxi, su(指し、す).

Ficari, u, atta. ヒカリ、ル、ッタ（光り、る、つた）　光り輝く、あるいは、光を発する.

Ficaricacayaqi, u, aita. ヒカリカカヤキ、ク、イタ（光り輝き、く、いた）　強く光り輝く. 例、Teqino meniua ficari cacayaqu azayacanaru yoroiuo qi, &c.(敵の眼には光り輝く鮮やかなる鎧を着, 云々) Gosag.(御作業)第一部.1) 敵の眼にきらめき光るような、非常にきらびやかな鎧を身につけて.　※1) サントスの御作業、I, p. 96.

Ficarimono. ヒカリモノ（光り物）　夜間見える、火のような流れ星・陰火、または、その他の稲妻などの光. ►Nagare ariqi, u.

Ficariuatari u, atta. ヒカリワタリ、ル、ッタ（光り渡り、る、つた）　あらゆる方向へ光を放つ、または、光り輝く.

Ficata. ヒカタ（干潟）　潮がよく引いて乾いている所. ►Touo~.

1980から引用]は中世末期、キリシタン宣教師が日本語の習得を目的に編んだ辞書で、見出し語がポルトガルローマ字で記載されている。これによると、ハ行音に立項の語はすべて「F」の字で記されており、先の『なぞたて』同様、当時のハ行音が上下両唇の擦り合わせから成るファ行音であったことを立証している。彼らの耳には、日本語の「母」はやはり「fafa」に聞こえていたに違いない。これも、人によっては"所詮外国人の手からなる記録じゃないか"、"日本古来の文献とは異なって信用ならない"などと高を括るかもしれないが、母語（日本語）の慣例にとらわれない、客観的な聞こえを写した「fafa」であるからこそ、その蓋然性はむしろ高いともいえる。もっとも、当時のキリシタン宣教師たちは、後世の日本人のために、この時代の発音を正しく書き残してあげようといった親切心でこの書を編んだわけではなかろう。しかし、彼らのその熱心な向学心が、本来は消えてなくなるはずの音の事実を記録として留め、奇跡的にも歴史の証言者となっているのである。

古語・古音が秋田に残る背景

　さて、古い日本語の痕跡が語彙や文法、発音の面にも広くみとめられるというのはそのとおりであるとして、それでは何故、以上のような事態が秋田で多見されることになっているのか。その理由を解く有力な考え方のひとつが、民俗学者・柳田国男が『蝸牛考』(1930) の中で提唱する「方言周圏論」である。柳田は論題の「蝸牛（カタツムリ）」が日本各地でどう呼ばれているかを調査し、全国分布から変化の序列を推定し

図3　方言周圏論の分布
（真田2002より）

ようとした（図3）。これによれば、日本列島にはデンデンムシ〜ナメクジの呼称が東西にこの順で並び、あたかも京都を中心として同心円状に分布していることがわかる。言語は一般に文化の中心地で革新が生まれ、人伝えに周辺へと伝播していく。すると、それまで使っていた言葉は池に石を投じたときにできる波紋のように周囲へと押しやられ、結果、その外縁に位置する東北や九州に古い言葉が残存することになる。柳田の論に従うならば、現在の秋田に古語や古音が化石的に残るのは、まさにそのためである。つまり秋田弁は、こうした長い年月を隔てた言語変化の帰結として旧態を残すものであり、上代や中世といった時代語に係るタイムスリップの現

場をそのままに体現しているのである。

　ともあれ、秋田弁が古い日本語の姿を今に伝える生き証人であること、ひいては貴重な文化遺産であることに疑う余地はない。私たち県民は、それらの事実を享受し誇りに思うと同時に、とりわけ次代を担う秋田の若い世代に向けて、その価値を継承していくことが肝要である。

秋田弁が辿ってきたいばらの道

　以上のように、秋田弁はひとつには、言語の一般原理や地域特性（人間性）に即して「省エネ言語」の特質を有すること、またひとつには、古文献との対照などから「日本語の生き証人」としての特質を有することが跡づけられる。しかし一方、秋田弁がこれまでに辿ってきた足跡を見ると、その歩みは必ずしも上記の特質が含意する価値や意義に見合うものであったとはいえない。

　現在も、人によっては我が事のように思い返されるかもしれないが、秋田弁はかつて旅先や移住先において、大手を振っては口にできない不遇の時代があったとされる。折しも、時代（明治〜昭和初期）は日本の近代化、中央集権化の只中で、標準語の普及が急務であったことに加え、それを阻む「方言の撲滅」が声高に叫ばれた時代でもあった。そうした状況下で、地方の人々が自身の訛りへの羞恥心、時に劣等感を抱いていたであろうことは想像に難くない。毎日新聞地方部特報班（1998）に当時の方言の立ち位置を象徴する記事が載せられているが、これなどを見ると、たかだか方言のために、人

第1章　秋田の言葉—秋田弁の多様な特質とその現在地—　17

が命を絶つことにも繋がりかねない、悲しい時代があったことをうかがわせる。

- 1964年5月、…秋田県出身の工員（当時19歳）が傷害致死容疑で逮捕された。同僚たちが工員のなまりを冷やかしていたことが背景にはあった。
- 73年(ママ)4月、東京都大田区の寺の寮で、…秋田県出身の男性（24）が自殺した。一週間ほど前に上京、強いなまりを気にして…周囲には「言葉で苦労している」とこぼしていた。

　このような時代にあっては、もはや上記するような"秋田弁の価値"なるものは考えの俎上にも上がらなかっただろうし、逆に方言を押し隠し、言葉のうえで目立つことなく、その場を穏便にやり過ごすことが自分の身を守る最良の処世術であったとも考えられる。これが俗に言う「方言コンプレックス」の時代である。

　しかしそうした時代も時流とともに、方言蔑視の考えを諫める論調、むしろ方言の良さにも目を向けるべきといった風潮が高まっていく。日高水穂（2013）に引用の記事を経時的に辿ると、その流れが鮮明に読み取れる。

- 「方言を笑わないで」1973.5.14「東京新聞」
- 「すばらしい方言　堂々しゃべろう」1984.3.6「北海道新聞」
- 「方言のニュアンス活用　注意をするときは大阪弁」1990.9.14「読売新聞」

　これらのうち、1970年代の「笑わないで」にはいまだ方言へのネガティブな発想が見え隠れするが、およそ10年も経

つと「すばらしい」、「堂々しゃべろう」などと記載があり、正面を切って方言の使用を提言できる場が醸成されるに至っている。さらに1990年代になると、「ニュアンス活用」の見出しがそれを象徴するが、方言には方言なりの良さがあり、状況に応じて共通語と使い分けることの有用性が自得的に語られている。この頃になると、時代は共通語か方言かを択一的に評価するような価値観にはなかったことが明瞭である。こうした使い分けの実態を捉え、この期を「方言コードスイッチング」の時代（code: 言葉の変種、switching: 切り替え）と呼ぶことがある。

　それにしても、方言の価値や評価で"コードスイッチング（使い分け）"の概念がこのようにも奨励される時代というのは、人ひとりの生死にも影響した前代の"コンプレックス"の時代を思えば、まさに隔世の感があると言わざるを得ない。方言はもはや恥じるものでもなければ、共通語に劣って憚られるものでもなかったのである。

　しかし時代が変わり、日高水穂（2013）に挙げられる次の記事などを見ると、方言をめぐる環境、それの果たす（あるいは求められる）役割などは、さらに世紀をまたがり、新たな局面を迎えつつあることを実感させる。

- 「方言がなまらはやっとるです　携帯メールで広がる消える　蔑視は昔　各地混合を楽しむ東京風味　視聴率急上昇　アクセサリー？　表現の宝庫」2005.7.7「毎日新聞」

ここには、「はやっとる」、「携帯メール」、「各地混合」、「アクセサリー」、「表現の宝庫」といった言葉が並んでいる。中

でも「宝庫」のような評価語が特に違和感なく並記されていることなどは、およそ1900年代半ばの新聞記事では想像もつかなかったことだ。記事にあるように、方言を「蔑視は昔」と括るのはこの時代、このタイミングではおそらく妥当だろうし、実際話しの現場に立ち入れば、方言の「携帯メール」（その他ソーシャルメディア）での使用、東北弁はじめ諸方言との「混合」または「アクセサリー」的な使用は随所に観察されるものと思われる。さらに次節で詳しく述べるが、今の時代、方言が地元らしさの表出であったり、それの県内外への発信などにも役立てられているケースが多くみとめられる。つまり方言は、今や蔑視はおろか、逆に頼られ、尊ばれ、活用される時代なのであり、そうした"威厳・威信"の意味を冠して、最近の言語研究では、これを「方言プレステージ」の時代と位置づけることにしている。

　かくして方言は、「方言コンプレックス」という長く不遇ないばらの道を辿った時代から、共通語との使い分けが尊重される「方言コードスイッチング」の時代を経て、新しく「方言プレステージ」の時代を切り開きつつあるのである。

「方言プレステージ」時代

　言語研究では、看板や標識、掲示物など、生活空間で観察される文字言語を総称して「言語景観」と呼ぶことがある。上記の「方言プレステージ」に照らし合わせると、秋田にはその景観の諸側面において方言が満ち溢れているといえる。たとえば県の公認でもある"あんべいいな（キャッチコピー）"や

"んだッチ（キャラクター）"の使用、"アルヴェ・カダーレ"といった公共施設にも方言の借用が見られる。一方、観光地には"よってたんせ・おざってたんせ"のもてなし言葉が並び、自治体のHPにもおらが町のPRを意図した方言使用が多見される。このように、方言の衰退が指摘される昨今でも、私たちが真にその土地らしさを感じたり、共有したり、県内外に向けて発信しようとしたときには、おのずと方言を頼りにしていることが自覚される。またその意味において、方言は少し性格を変えながらも、秋田県民に変わらずに寄り添い、生きて働いていることがうかがえる。

　この現状について、大橋純一（2018）はその時点の収集事例に即してタイプ分けを行い、これらの方言使用にどういった目論見や効用がみとめられるかを考察している。以下に、そのいくつかを引用してみる。

　　【秋田県のキャッチコピー】あんべいいな　秋田県：メインコピー「あきたびじょん」のサブコピー（写真1）、んだ。んだ。秋田。：秋田県の観光キャッチコピー（写真2）、【自治体の情報サイト】KocchAke! こっちゃ、け！：秋田県就職情報サイト、来ねすか　横手：横手市HP、【自治体の事業・活動名】めんchoco：能代市子育て応援事業、ばっけの会：子育て・高齢者介護サポート、【自治体の観光パンフレット】ゆざわのゆっこ　ゆざわにきてたんせ：湯沢市、おらほのグリーンツーリズム：三種町、【企業・施設などの情報サイト】あそびにきてけれ：ポートタワー・セリオンHP、いっぺ〜食べでけれ！：秋田市民市場HP、【県

写真1　キャッチコピー
（秋田県）

写真2　キャッチコピー2
（秋田県）

写真3　駅看板
（秋田内陸縦貫鉄道角館駅）

写真4　交通標語（秋田市）

写真5　構内看板（秋田大学）

内外イベント案内】入ってたんせ、拝んでたんせ：秋田県観光プロモーションポスター、秋田けけけ祭り　秋田にけ！　食べにけ！　湯にけ！：東京有楽町ポスター、【施設名称】ALVE（アルヴェ）：秋田市民交流プラザ、カダーレ：由利本荘市文化交流館、【駅・道路・施設看板（ポスター）】のってけれ　内陸線!!：秋田内陸縦貫鉄道角館駅看板（写真3）、またきてたんせ：大館市国道看板、なんもだー：秋田市民市場ポスター、【交通標語】おがうるだぐな　なんもええごどね：秋田市一般道（写真4）、ベルトしてらがー：男鹿警察署前、【土産品・グッズ・キャラクター】んだんだ：方言Tシャツ、んだッチ：秋田県PRキャラクター、【新聞連載タイトル】おらほの湯っこ：秋田魁新報、壇蜜のまんずまんずセレクション：朝日新聞秋田版、【番組名】まめだす！ねんりん倶楽部：ABSラジオ番組タイトル、まめでらがーラジオ：横手かまくらFM番組タイトル、【動画サイト】いいベチャンネル：仙北市商工会、【歌（歌詞）】あんべいいな：秋田イメージソング、【秋田大学構内】よろず相談室　おざってたんせ：学生支援課相談コーナー（写真5）、さみば着れー：講義室貼り紙、【学生のLINEメール・スタンプ】：A　せば明日の朝／B　はいよ～！　せばね！：LINEメール、んだ、まめでらが？：LINEスタンプ

　これらに従い、類例を探した結果、同調査では200超が収集されているので、上記はそのほんの一部を例示しているに過ぎない。また、あくまでその時点（かつ管見の限り）の実

態を捉えたものであり、同様の方言使用は潜在的には一層顕著であることが想像できる。さらに収集の数もさることながら、それの適用範囲が情報発信をはじめ、注意喚起、会話コンテンツの一助となるものなど、多岐に渡っていることが何よりも注目される。大橋純一（2018）ではこうした方言使用の現状と、それが地域や人にもたらす効用について考察しているが、要点をまとめれば次のようである。

- これらの方言には"県内向け・県外向け・双方向け"の3タイプがある。
- 具体的な使用例としては、事象・事物のネーミングに関わるもの、タイトルやキャッチコピーを担うもの、来客をもてなし歓迎するもの、標語や啓発に用いられるものなどが主要である。しかし一方、広報誌やパンフレットの文章内でワンポイントに現れるものなど、一歩引いて彩り的に添えられる方言使用のタイプもみとめられる。
- また以上は、別の観点に立てば、ネーミングに代表されるような普遍的なものと、イベントの告知など、趣旨やテーマにより刷新されていく一過性のものとに分類される。つまり方言が普遍的・象徴的なものとしても、その時々のインパクトを表すものとしても意味を持ち、そこに暮らす人々の拠り所となっている。
- これらから、秋田でさまざまに観察される方言は、ひとつは内の人間と関わりつつ、その生活に効用をもたらすもの（たとえば秋田に暮らす自分の存在や意義を自覚できたり、他者との繋がりを感じ取れたり、愛着を持てた

り、ほっとできたりするもの）であり、またひとつは外の人間と関わりつつ、秋田らしさの発信においても効用をもたらしてくれるもの（たとえば移住・定住、観光・文化に関する情報発信、来客の歓迎、グッズ販売などを通して、秋田の風土や人柄、県民性、そしてまた県の売りや伝えたい心を感じ取ってもらえるもの）であることが指摘される。

このように、かつては「方言コンプレックス」のプロトタイプ（らしさ、典型事例）でもあった秋田が、「方言プレステージ」の時代にあっては、むしろ他県にも増してその方言と多様に関わり合い、新しい価値や効用を生み出すフロントランナーたり得ているということがいえる。

新しい地域差を探る

方言というと、「牛」のことをベゴと言ったり、「疲れる」ことをコワイと言ったりと、その土地特有の伝統方言を思い浮かべる人が多いだろう。しかし近年、若い世代を中心に新しく生じている地域差や、これまでそうとは気づかれずに使われてきた方言の指摘が多くある。たとえば、全国チェーンの「マクドナルド」をマックと言うかマクドと言うかの地域論争などは、そうした発想を促される象徴的事例のひとつである。他にも、「絆創膏」がカットバン・キズバン・バンドエイド・サビオなど、地域により色々に呼ばれることがあったり、「自動車学校」が自車学・自車校のような略称で一定の地域差を示すことがあったりと、各所から伝え聞く情報は、どれも尽

きない関心をもたらしてくれるものばかりだ。

　上記のうち、その土地で方言とは知られずに使われる言葉を「気づかない方言」と言うが、類似の事態が潜在的に生じやすいのがいわゆる「学校方言」（主に学校の中で用いられる言葉）である。まず第一に、小・中学校には就学や通学の便宜から決められた学区があり、その区分けがあたかも方言区画の縮図版を形成することになっている。また学校は、特定の人間が日中の大半を同じスペースで活動するという点で、実社会の集落にも似た機能・構造を有することにもなっている。加えて学校は、通常は規範が教えられる場所であり、先生が教える（喋る）言葉もそれに準じて当然正しいものだとの先入観が生まれやすい。すると、その空間で習得された言葉は方言だと誰も気づかずに、当事者間はもとより、子どもや孫の世代まで延々と受け継がれていくことになる。つまり学校という現場には、元々地域差を生み出しやすく、またすぐには変化したり消えてなくなったりもしにくい、特殊な言語環境があるのである。

　秋田の学校を見渡しても、実はそれは多くある。たとえば秋田県民に聞けば、校舎内で履く靴（共通語でいう内履き）は老若男女、決まって「内ズック」と言うだろう。この言葉は他県、とりわけ東北以外の人には通じない。また、宿題を終えることを「でかした」と言ったり、ワ行音の「を」のことを「かぎのお」と言ったりするのも、多少の世代差はあっても、多くの県民は"如何にも"と強く頷くのではないか（これも他県の人には通じない）。さらに近年、私のところで卒業論文を

書いた学生の調査によれば、教室の列のことを「1号車・2号車…」のように数えていう言い方や、記号の$\boxed{1}$（四角1）のことを「箱1」と呼ぶ言い方など、若い世代を中心に学校現場で新しく広まりつつある方言の存在も確かにあるようだ。このような「学校方言」、それを含めた「気づかない方言」の視点から全国の言葉を改めて対比的に見てみると、それこそ今までは"気づかなかった"言葉の面白みや深みのようなものが捉えられ、方言の見え方もまた違ってくるのではないか。

　一方、地域差といえば、「大声で泣く様子」の描写法にも明確な地域差（東西差）が現れるという（小林隆ほか2014）。つまり、「ゴッツー・ヒドー（泣く）」のような決まり文句が主体の西日本に対し、東日本（なかでも東北）では「オエオエ・ワンワン（泣く）」といったオノマトペ表現に依存度が高いとされる。これを小林らは「言語発想法」の地域差と説明し、言葉の定型化が進んだ西日本と、現場性が強くその時々の感情を直接言い表す東日本の差であると論じている。これは、かつての京言葉（中央語）としての機能性から、より合理的で割り切った意味伝達が優先される関西と、いまだ地域の連帯が強く、情意の表現が大切にされる東北の違いに由来するのだろうか。いずれにせよ、語彙や文法レベルにとどまらず、言葉をどのような姿勢で言い表すかといった発想法の面にも、その土地ならではの個性に即した地域差の実態があるというのは、大変に興味深いことである。

　方言は現在、地域コミュニティの構造的な変化や、それに伴う伝統方言の衰退化の傾向もあり、とかく回顧主義的に古

きを偲ぶもの、価値を語るにしても、それはあくまで理念上のこととして受け止められがちである。しかし上記に見てきたように、方言は単に過去の言葉を化石的に残すばかりでなく、身近な存在であるがために気づかなかったところで、またそれは対外発信（アピール）の目論見としても、さらには文字やメディアコンテンツ、若い世代においても創出され、新しい形を呈して展開しつつあることが見てとれる。人ぞれぞれに自分の拠り所となる場所（地域）がある限り、言葉はその地域と人を、またそこに暮らす人と人を結ぶ心強い媒体に違いないのであり、方言はそう簡単にはなくならないのである。

　以上、ささやかにでも、秋田弁が持つ多様な特質やそれが辿ってきた歴史、その現在地について記してきた。とはいえ、どの節をとってもあれが言えていない、これも取り上げられていないという思いが先立ち、当初の見立てからすると記述がその事実にまったく追いつけていないこと、また人々の方言への思いにも十分触れられていないことに愕然とするばかりである。それももっともなことで、私がどうこう言う以前に、秋田弁の営みは変わらずに地域の人々の中にあるのであり、そうした特質や魅力は紙幅の限られた本書の枠組みの中で言い尽くせるものではない。ここでの話は、秋田弁の何たるかの一端を切り取ったものとご理解いただき、これを機に、秋田弁をはじめ、言葉の問題に少しでも関心を持っていただけたならば望外の僥倖である。

主な引用・参考資料

秋田県教育委員会編（2000）『秋田のことば』無明舎出版

飯豊毅一・日野資純・佐藤亮一編（1982）『講座方言学4 北海道・東北地方の方言』国書刊行会

大橋純一（2002）『東北方言音声の研究』おうふう

大橋純一（2011）「口形分析によるハ行唇音の諸相と展開―東北方言における―」（『音声研究』15-3）

大橋純一（2015）「口唇の特徴から見た東北方言の合拗音の諸相―ハ行唇音との比較を通して―」（日本方言研究会編『方言の研究』ひつじ書房）

大橋純一（2018）「生活空間に見られる方言使用の実態―秋田方言の内向け・外向けの実態と意識―」（『秋田大学教育文化学部研究紀要 人文・社会科学』73）

大橋純一（2023a）「ことばの伝わりかた、今昔」（佐藤猛ほか編『行き交い、集う人々：感染症×文系力』秋田魁新報社）

大橋純一（2023b）「秋田の人々の暮らしを彩る豊かな方言」（秋田大学広報誌『Aprire』no.80）

大橋純一（2023c）「世界をつくりだす言葉のチカラ」（秋田魁新報朝刊（2003. 10.6）連載：平和考・世界×文化）

沖森卓也編（1991）『資料 日本語史』おうふう

小林隆・澤村美幸（2014）『ものの言いかた西東』〔岩波新書〕岩波書店

金田一春彦（1954）「音韻」（東條操編『日本方言学』吉川弘文館）

真田信治（2002）『方言の日本地図 ことばの旅』〔講談社＋α新書〕講談社

土井忠生・森田武・長南実編訳（1980）『邦訳 日葡辞書』岩波書店

徳川宗賢編（1976）『日本の方言地図』〔中公新書〕中央公論新社

毎日新聞地方部特報班編（1998）『東北「方言」ものがたり』無明舎出版

町田健（2004）『ソシュールと言語学：コトバはなぜ通じるのか』〔講談社現代新書〕講談社

日高水穂（2013）「第5章「方言」から見える日本の社会」（木部暢子ほか編著『方言学入門』三省堂）

柳田国男（1930）『蝸牛考』刀江書院

『日本国語大辞典 第二版』（2000）小学館

Column コラム1

秋田の映画文化を大学で学ぶ

長谷川 章

　1年生対象の地域学基礎では、2014年度地域文化学科発足から、国際文化講座所属の3名の教員が秋田の映画文化について学ぶ講座を開講している。講座を一貫して担当してきたのは、長谷川章（ロシア文学）、辻野稔哉（フランス文学）、中尾信一（アメリカ文学）であり、ともに映画に関しても専門的な研究を行っている。ここでは、その授業の実践を紹介しながら、秋田市の映画館の歴史と現在の問題について紙幅の許す範囲で考えてみたい。

　まず、この授業でテーマとする「映画文化」について説明しておきたい。地域学基礎で念頭に入れていたのは、一地域で映画を見る環境全体のことであるが、特に授業では、映画館がかつてはその中心を占めていた点を強調してきた。秋田市には、今世紀に入る頃まで「有楽町」と呼ばれ栄えた映画館街があった。映画を見るには映画館街へ行き、思い思いの映画作品を楽しむという文化がかつては当たり前に存在していたのである。

　しかし、映画館街は衰退し、それに伴い秋田市内の映画館数も激減することになった。こうした文化の盛衰は、受講学生にとってそれまでの学校教育では知る機会がなかったものである（学生の中には映画館で映画を見たことがほとんどない学生もいる）。このような映画文化の歴史を理解させるために、授業では毎年、最初に秋田県立図書館で文献調査を行っている。

　調査の一例としては、毎年、日本で観客動員数が最盛期だった1960年ごろの秋田市の地図で、当時の映画館の分布を調べ、秋田の映画館など興行史を扱った佐藤清一郎『秋田県興行史 映画街・演劇街』

秋田市有楽町の映画館跡　（上）2020年撮影　（下）2014年撮影

Column コラム 1

（みしま書房、1976年）の関連部分を全員で通読している。また、秋田魁新報掲載の正月興行広告（1935年、55年、75年、95年）を県立図書館所蔵マイクロフィルムで調べ分析することで、過去の秋田市の映画館のありようも調べてきた。

授業の第二の段階では、2010年代以降の秋田市の映画館の置かれた現状を考えるようにした。この時期は、全国の映画館にとっても大きな試練となった。

2011年の東日本大震災では、特に東北地方で映画館などの娯楽の場へ出かけるという行為に抑制が加わることになった。また、その直後、12年ごろには映画館のデジタル上映への切り替えが急速に進み、それまでフィルム上映に頼り、デジタル化転換の資金がなかった映画館の閉館が各地で進んだ（秋田市内でも有楽町最後の映画館シアタープレイタウンは同様の事情から12年に営業を停止した）。15年はNetflixが国内配信を開始し映画館離れを加速化させ、20年からのコロナ禍がさらに追い討ちをかけた。

このような中で2012年に秋田市内に4館営業していた映画館のうち、17年までには2館が閉館となった。秋田市内では、芸術的な映画を公開するミニシアターとしての役割は、上述のシアタープレイタウンが担っていた。また、シネマパレもデジタル化の波に抵抗しフィルム上映の「名画座」として、17年までミニシアターだけに特化しない多彩な作品を上映しており、21世紀秋田市の映画館を語る上で特筆すべき存在だった。

上記のように、ここ10年以上で秋田市の映画館が置かれていた状況は、映画館で映画を見ることを大きく制限する結果となった。たとえば、2022年度授業での調査では、仙台市でサンプルに選んだ主要な3つの映画館で9月1ヶ月に公開された作品は152本だったが、山形市3館、盛岡市5館の映画館で同時期に上映された作品はそれ

それ82本、66本であった。一方、秋田市では57本にとどまり、大都市仙台だけではなく、人口規模が秋田市より小さい隣県都市と比べても見劣りすることが明らかになった。この原因は、もちろん、秋田市の映画館の減少が大きく関わっていると推察される。

以上、ここまでの授業では、秋田市の映画館の歴史と現状にとどまっていた。しかし、最終の第三段階としては、このような苦境の中、秋田の映画文化を支えるべく独自の努力を重ねている事例に注目した。

たとえば、2012年秋田市内の映画館が4館あったところ、後に2館に減るが、その一方で、コロナ禍の2021年、国際教養大学の卒業者を中心として、月に1本ドキュメンタリー映画を中心に上映するアウトクロップ・シネマが創設される。

また、秋田市以外に目を向ければ、横手市十文字町では30年以上にわたり、あきた十文字映画祭が実施されている（東北でこれほど長期の映画祭は、山形国際ドキュメンタリー映画祭以外にはない）。さらに、2014年には大館市で長らく廃館となっていた御成座が、当地へ移住した一家族の多大な尽力により再開された。

これまでの授業では、御成座の館主、あきた十文字映画祭代表などにインタビューを行った。映画館の置かれた環境が悪化する中、なんとか秋田の映画文化を支えようとする人々の映画愛について、フィールドワークを通じ深く考え直す結果になった。

授業での成果はまだ十分に大学の外へ還元されているとは言えないかもしれない（本授業を契機に、あきた十文字映画祭には長年、学生ボランティアが参加しているが）。秋田大学の地域貢献の一例として、これまでの積み重ねた実績からできることを、今後より積極的に実行へ移していきたい。

コラム1　秋田の映画文化を大学で学ぶ　33

第2章 秋田の歴史

大名・旗本の支配と史料

清水　翔太郎

江戸時代の「秋田」から秋田県へ

　明治4年（1871）7月14日（旧暦）、廃藩置県により秋田藩は廃止されて「秋田県」が設置された。この日は現在用いられている新暦では8月29日にあたり、昭和40年（1965）には、「秋田県」が誕生した「県の記念日」とされた。この「秋田県」が、現在の秋田県と同様の地域に相当したかといえば、実はそうではない。現在の秋田県の領域が確定したのは明治4年（1871）12月2日（旧暦）のことであった。由利郡（現由利本荘市・にかほ市）と鹿角郡（現鹿角市・小坂町）が編入されて、現在の秋田県が成立した。

　江戸時代に「秋田」といえば、およそ佐竹家が江戸幕府から領知支配を認められた秋田藩領、すなわち秋田郡・山本郡・河辺郡・仙北郡・平鹿郡・雄勝郡の六郡、合わせて20万石余が相当した。この領域が当初「秋田県」とされた領域であった。現在の秋田県域には、秋田藩佐竹家のみならず、由利郡には本荘藩六郷家、亀田藩岩城家などの大名や生駒家、仁賀保家などの旗本の領知も存在した。つまり支配者の異なる複数の地域が合併し、現在の秋田県が成立したのである。

　本章では現在の秋田県に相当する地域を治めた大名・旗本について概説するが、歴史を研究するとは、歴史資料すなわ

ち史料を解読し、歴史的事実を明らかにすることが根本にある。秋田藩佐竹家では、大名から家臣に至るまで、武士が数多くの日記や記録を残し、現代においてそれらはアーカイブズ＝史料収蔵機関で整理、公開されている。このような秋田藩の史料を紹介し、これまでに明らかにされた歴史的事実のみならず、先人が残した史料を読み解くことで今後、多様な歴史像を構築できることを示したい。なお本章では、現在の秋田県の領域と異なる場合には、「秋田」、秋田藩を用いる。

江戸幕府の成立

　慶長5年（1600）、関ヶ原合戦に勝利した徳川家康は、同8年に朝廷から征夷大将軍に任じられ、江戸幕府は成立した。江戸時代のはじまりは秋田の大きな転換点であった。

　織豊政権下の秋田には、鎌倉時代に関東から入った多数の領主が分立していた。秋田郡・山本郡を支配した安藤（安東）家は、能代や男鹿などの沿岸部を拠点に、海上交通を掌握していた。天正18年（1590）、奥羽仕置により豊臣秀吉の麾下に入り、その頃安藤家は土崎の湊城を拠点として、秋田と苗字を改めた。仙北郡には角館（現仙北市）を拠点とした戸沢家、六郷（現美郷町）を拠点とした六郷家、本堂（現美郷町）を拠点とした本堂家があった。平鹿郡と雄勝郡は、横手を拠点とした小野寺家が支配した。由利郡には、仁賀保家、打越家、赤尾津家など、由利衆（由利十二頭）と呼ばれた小領主が割拠していた。鹿角郡では、安藤家と三戸（現青森県三戸町）を拠点としていた南部家が、領有をめぐり対立したが、南部

第2章　秋田の歴史—大名・旗本の支配と史料—　35

家の支配下にあった。

　関ヶ原合戦は、これらの秋田の領主にも大きな影響を及ぼした。徳川家康の東軍と石田三成の西軍の対立は、奥羽地方では、東軍についた山形の最上義光や岩出山の伊達政宗と、西軍についた会津の上杉景勝を中心に繰り広げられた。秋田家・戸沢家・六郷家・由利衆は最上義光についたのに対して、小野寺家は最上家と対立関係にあったため、西軍につき、近隣の領主と交戦した。

　関ヶ原合戦後の論功行賞で、小野寺家は所領を没収されたのに対して、山形最上家は上杉を抑えた功績を認められ、慶長7年（1602）に由利郡5万石などを家康から与えられた。これにより13万石から57万石の大大名となった。その一方で、東軍についた秋田家などの領主は、すべて常陸国（現茨城県）へ移封となり、秋田の領主配置が大きく変化することになった。秋田家や六郷家は東軍についたものの、最上家との関係が良好ではなかったことが要因としてあったとされる。

　このようにして鎌倉時代以来、領主が分立した状況は解消され、常陸国から佐竹氏が移封することで広域支配が実現した。徳川家康による大名の配置替は、領主の分立・対立状況を解消し、広域的な地域の安定を企図したものと捉えておきたい。

大名・旗本の類別

　江戸時代の大名は、徳川将軍との関係により親藩・譜代・外様に類別されたと学校教育では教えられる。しかしながら、

親藩は近代になって用いられた歴史用語で、将軍家と血縁関係の近い大名家は御三家・家門に類別された。

御三家は、関ヶ原合戦の後に出生した徳川家康の子を祖とした大名家で、9男徳川義直を祖とする尾張藩徳川家（62万石）、10男徳川頼宣を祖とした紀伊藩徳川家（55万石）、11男徳川頼房を祖とした水戸藩徳川家（30万石）があった。将軍家に後継者がいない場合には、8代将軍徳川吉宗のように、御三家の当主が将軍家を継承することもあった。なお、18世紀半ばには8代将軍吉宗と9代将軍家重の子を祖とした田安徳川家・一橋徳川家・清水徳川家の御三卿が創設され、将軍家の継承を支えた。11代将軍家斉は一橋徳川家から将軍家を継承した。御三卿は居城をもたず、江戸城内に屋敷を構え、10万石の扶持を幕府から与えられた点で、大名とは異なった。

家門は、松平の苗字を名乗る将軍家の分家および御三家の分家（支流）で、福井藩松平家、会津藩松平家、高松藩松平家などが該当した。最北の家門大名は会津藩松平家であった。

譜代は、関ケ原合戦以前より徳川家に臣従していた大名家で、幕府の役職（老中・若年寄など）に就任した。最大の譜代大名は大老を輩出した彦根藩井伊家で、最北の譜代大名は、元和8年（1622）、鶴岡に入部した庄内藩酒井家（14万石）であった。

外様は、関ケ原合戦以降に徳川家に臣従した大名家で、最大は102万石の加賀藩前田家であり、仙台藩伊達家や秋田藩佐竹家も該当した。現在の秋田県下には家門や譜代大名家はなく、いずれも外様大名家であった。

このような将軍家との関係の他にも、大名家の家格を示す様々な指標があった。まず、石高で示された領知の規模によって大名家は序列化された。将軍が発給した領知宛行状は、領知判物（10万石以上）と領知朱印状（10万石未満）があり、そこに記された表高により、大名家は幕府から軍役などを課された。

　支配領域についても、一国あるいはそれに比する規模の領知を有していた大大名家は、国持大名家として特権的な地位を有した。奥羽の陸奥国・出羽国は広大であったため、仙台藩伊達家、秋田藩佐竹家、米沢藩上杉家などは一国すべてを領有していたのではないが、国持大名家とされた。

　領知支配の拠点として、城を構えることを許可されたか否かによっても、大名家は序列化された。小規模の大名家の場合、防御機能を有した城を構えることを許可されず、陣屋を拠点とした場合があった。その場合、城主に近い城主格、次いで無城の序列があった。

　大名は幕府の推挙により朝廷から官位叙任され、位階と官職からなる官位も家格を示す指標となった。江戸時代には、朝廷が定めた公家の定員とは別に武家が従五位下から従一位までの位階と大納言、中将、侍従、陸奥守などの官職を与えられた。このような武家官位制のもと、18世紀には大名が生涯に昇進可能な官位・官職、すなわち極位極官が定められた。

　殿席制といって、江戸城における席次をもとにした序列についても、儀礼化が進展した17世紀後半から整備が進められた。大名は江戸城で行われる儀礼に参加するために登城し

たが、将軍に御目見する際の控えの間を殿席といった。大廊下（御三家、加賀藩前田家など将軍家との姻戚関係の強固な大名家）、溜詰（彦根藩井伊家、会津藩松平家、高松藩松平家など幕政に参与した大名家）、大広間（四位以上の家門・外様大名家）、帝鑑間（譜代大名家）、柳間（従五位下の外様大名家）、雁間（譜代大名家、高家）、菊間（3万石以下の譜代大名家）と、将軍家との関係や官位によって殿席は定められた。

　1630年代には将軍から領知宛行状を発給され、1万石以上の領有を認められた領主が大名とされ、領知高1万石未満で、将軍への御目見を許された将軍の直臣は、旗本とされた。旗本は幕府の役職に就くため、大部分は江戸に居住したが、交代寄合の旗本は、幕府の役職には就かず、領知と江戸を参勤交代した。これは交代寄合の格式が高く、1万石の大名と同程度の処遇とされたためである。

　このように大名と旗本は類別されたが、秋田に領知を有した大名家はいずれも外様であり、交代寄合の旗本も存在した。

秋田の大名・旗本

　秋田の大名・旗本配置の画期は二度あった。一度目は関ヶ原合戦後の論功行賞で、慶長7年（1602）に配置が大きく変更され、現在の秋田県の領域は、佐竹家と最上家の外様国持大名家二家により支配されることになった。佐竹義宣は、徳川家康の命令で常陸国から秋田へ移封となり、秋田家と小野寺家の旧領を支配下に置いた。

　由利郡は最上家の領知となり、郡内に多数存在した由利衆

の城は破却され、本城城と滝沢城の二城体制となり、最上家の家臣が入った。本城城は楯岡（本城）満茂が3万9千石を与えられて築城し、滝沢城は由利衆の滝沢家が最上家の家臣となり、1万石余を与えられて築城したものであった。

　ただし、最上家の支配は、長くは続かなかった。由利郡以外の最上領内には、多くの支城が存在し、万石以上の重臣が多数いた。最上義光の没後、藩主家親が急死し、その子義俊が幼少相続をしたが、重臣をまとめきれず、家臣団は内紛状態となった。これを最上騒動という。幕府は2代将軍徳川秀忠の「上意」により、主従関係を安定させることで、騒動の鎮静化を図ったが、最上家家臣はそれに背いた。そのため幕府は、元和8年（1622）に最上家を改易（領知没収）とした。

　由利郡の二城は幕府の命令を受けた佐竹家により収公、破却され、その後、下野国宇都宮から幕府年寄の本多正純が減転封されて本荘に入部した。しかしながら将軍秀忠と本多正純の主従不和は大きく、翌年に本多は改易されて佐竹義宣に預けられた。

　本多正純の改易後、由利郡の大名配置が大きく変化した点で、元和9年（1623）は第二の画期となった。慶長7年（1602）に常陸国に移封となった秋田の旧領主が配置され、由利郡は小大名と旗本によって支配されることになった。由利郡は平野が少なく盆地が多いこともあり、中世以来、小領主が分立した地域であった。つまり小大名と万石未満の旗本に領知を宛行、支配させるのに適した地域であったと考えられる。

　本荘には六郷家が2万石の城主として入り、本荘城を再建

した。象潟（現にかほ市）は、古代から松島と並ぶ歌枕の地として知られたが、寛永17年（1640）に六郷家の領知（飛び地）となった。八十八潟九十九島の名勝地として、多くの旅人が訪れたが、文化元年（1804）6月の象潟大地震で潟が隆起し、景観は大きく変容した。本荘藩による新田開発の推進に対して、蚶満寺による景観保全運動が行われたことが知られる。

　亀田には岩城家が2万石の領知を与えられて入部した。岩城家は戦国期以来、領知が隣接した佐竹家と婚姻を結び、佐竹義宣の弟貞隆は岩城家を養子相続していた。このような関係もあり、岩城家は関ヶ原合戦時に佐竹家と行動をともにしたため、陸奥国岩城12万石（現福島県いわき市）を没収された。その後、岩城貞隆は大坂の陣の戦功により、信濃国川中島（現長野県長野市）1万石の大名として復帰した。元和9年（1623）には、佐竹家との血縁関係もあり、貞隆の子吉隆が2万石に加増の上、亀田に移封された。なお、吉隆は世嗣のなかった叔父義宣の養子となり、義隆と改名して秋田藩2代藩主となった。そのため岩城家については、義宣の甥重隆が多賀谷家から養子相続して、佐竹家との関係は再生産された。その後、岩城家は江戸時代を通して亀田を支配した。亀田藩は陣屋で、城を築くことを許されなかったが、嘉永5年（1852）に城主格とされた。

　由利郡の南部には交代寄合の旗本が配置され、陣屋を構えた。矢島（現由利本荘市）には、元和9年（1623）に打越家が3千石で入部したが、寛永11年（1634）に無嗣断絶となった。

その後、寛永17年（1640）に生駒高俊が矢島1万石を与えられた。生駒家は、讃岐国高松17万石の大名であったが、最上家と同様に主従不和による家中騒動（生駒騒動）を収拾することができず、高俊は家中仕置が「無作法」として改易とされた。万治2年（1659）、高俊は長男高清に8千石、次男俊明に2千石を分知した。当初、生駒騒動の懲罰的な領知配置であったこともあり、参勤交代は許されなかったが、18世紀後半になるとそれを許され、生駒家は矢島の陣屋と江戸屋敷を往復することになった。

　現在のにかほ市一帯には、仁賀保挙誠が1万石を与えられ、先祖伝来の地に戻ってきた。寛永元年に挙誠は病没し、1万石の領知は、四人の男子に7千石、2千石、千石、700石に分割相続された。長男と四男の家は無嗣断絶となったこともあり、平沢（現にかほ市）に陣屋を置いた二千石家と千石家の二家が江戸時代を通して存続した。

　鹿角郡は陸奥国に属し、盛岡藩南部家（10万石、19世紀に20万石）の領知であった。鹿角は弘前藩・秋田藩との藩境にある要衝の地であり、盛岡藩は花輪、毛馬内、大湯に重臣あるいは代官を置いて支配した。近世前期には盛岡藩と秋田藩の藩境をめぐる境界論争もみられたが、享保期（1730年代）に南部家と佐竹家は姻戚大名の福岡藩黒田家の仲介もあり、不和の状態を解消した。しかし、戊辰戦争時には新政府軍と奥羽越列藩同盟に分かれて秋田藩と盛岡藩は交戦した。

17世紀半ば以降の領主配置
由利郡の領域については、『本荘の歴史 普及版』(2003年) を参照

第2章 秋田の歴史―大名・旗本の支配と史料― | 43

秋田藩の成立

　秋田藩主佐竹家は、源頼義の三男義光を祖とする外様国持大名家で、殿席は大広間であった。1130年代頃に源義光の孫昌義が常陸国佐竹郷（現茨城県常陸太田市）に居を定め、佐竹の苗字を名乗り、南北朝期（14世紀後半）には、室町幕府から常陸国守護職に任じられた。戦国期には太田を拠点に南奥羽（現福島県南部）と下野国東部（現栃木県那珂川町・茂木町）までを支配下に置き、豊臣政権では54万石を領有した。1590年代に太田から水戸に拠点を移した。

　初代藩主佐竹義宣は、関ヶ原合戦時に日和見の態度をとったため、慶長7年（1602）に徳川家康から出羽国への移封を命じられたが、その際には、石高は明示されなかった。秋田藩領は、寛文4年（1664）に秋田、山本、河辺、仙北、平鹿、雄勝の六郡と下野国河内・都賀郡（現栃木県下野市）の内、11村の飛び地を合わせた石高20万5千石余りに確定した。

　佐竹義宣は、当初秋田家の居城であった土崎湊城に入ったが、手狭であったため、慶長8年（1603）に久保田城の築城を開始し、寛永8年（1631）頃に完成させたとされる。秋田藩佐竹家はそこを拠点に12代藩主義堯に至るまで、江戸時代を通じて支配を行った。

　久保田城を中心に城下町の建設も進められた。慶長12年（1607）から町割（土地の区画整備）が開始され、寛永年間（1624～44）に完成したとされる。城下は、久保田城の北方から流れる添川（現在の旭川）を境に身分ごとの居住区域が整備された。東側の城の周囲には武士の居住区域である武士

町（侍町）が整備され、内町と称された。西側の町方の居住
区域であった町人町は外町と称された。外町の西側には寺町
が整備され、城下の境とされた。

　佐竹義宣は、秋田移封に際して旧領主の支配領域の安定化
のため、佐竹一門をはじめとした大身家臣を城将として要衝
に置いた。支配が安定してくると、義宣は城の破却と家臣の
久保田城下への移住を進めたが、元和6年（1620）に将軍徳
川秀忠から大館城と横手城の存続を許された。つまり秋田藩
は、幕府に一国三城を公認されたのだが、その背景について
は、義宣に仕えた梅津政景の日記に次のようにある。（『大日
本古記録　梅津政景日記四』元和6年3月17日）

　　城之破却ノ事、御年寄衆、絵図を以御披露候へハ、公方様御
　　機嫌之由、其上此ほとハ、御しんたいも不罷成候間、金紋之
　　御はさみ箱、対之御鑓・御長刀までも、当分御無用被成度と、
　　得御意候へハ、義宣かつて次第ニと、仰出之由、就之、仙北
　　ニ横手、比内ニ大館をハ被残置候由

　城の破却について、幕府年寄が絵図で将軍秀忠に披露した
ところ、秀忠は機嫌がよかった。さらに秋田藩の財政状況が
悪いため、金紋の挟箱や対の鑓、長刀など、行列の持道具を
当面は用いず、質素なものにしたいとする義宣の意向が伝え
られた。すると秀忠は、義宣の意向の通りとするように命じ、
横手城と大館城の存続が認められた。佐竹義宣は率先して領
内の支城を破却する意向を幕府年寄に伝えていたのだが、そ

の背景には、元和5年（1619）6月に広島藩の福島正則（外様
国持、49万石）が、広島城の無断修繕と破却の不徹底を理由
に改易されていたことがあった。

　城の破却について、佐竹義宣の意図したところは、秋田藩
の安泰、平和であったのだろう。第一には、将軍・幕府年寄
の意向を汲んだ自発的な忠義の姿勢をとることで、秋田藩の
安泰を図ったものと考えられる。第二に、幕府の意向を利用
して、義宣は藩主権力を確立させることを企図したのではな
いだろうか。城の破却は、独立性の強い一門・重臣の軍事力
を低下させることになるが、城主としての地位をはく奪する
ことにもつながった。それに対する抵抗を未然に防ぐために
も、幕府の意向を利用する意図があったのであろう。

　横手城と大館城の二城以外の城は破却されたが、院内（現
湯沢市）、湯沢、角館、檜山（現能代市）、十二所（現大館市）は、
館構えとして佐竹一門や重臣が引き続き居住し、所預（所
持）と呼ばれた。所預には、組下給人という佐竹家の直臣が
付けられ、所預の家来（陪臣）とともに各地に居住した。そ
のため領内には、武士が居住し、内町と外町の町割がされた
小城下町が存在した。所預の配置は、17世紀段階には、藩
主の命令により変わることもあったが、18世紀以降固定化
され、所領の支配の他、警備などの秩序維持を担った。新庄藩
（戸沢家）との藩境である院内には大山家、湯沢には佐竹南家、
横手城には城代として戸村家、角館には佐竹北家、檜山には
多賀谷家、大館城には城代として佐竹西（小場）家、盛岡藩
との藩境である十二所には茂木家が配置された。

所預の拠点の他にも刈和野、角間川（現大仙市）にも給人が在住し、武士町が形成されていた。家臣が領知支配を担う地方知行制が、江戸時代を通して維持された点も秋田藩の特色の一つである。

　江戸時代の武士の知行形態は二種類あった。地方知行制は、検地帳に基づいて家臣に土地を宛行、年貢を徴収させるものであった。この場合、大名家臣は知行地に居館を構え、多くは地域社会に領主として存在したため、給人領主ともいわれる。蔵米知行制（俸禄制）は、藩が年貢徴収を担い、家臣の石高に応じて米穀を藩の米蔵から支給するものであった。この場合、大名家臣は城下に集住した。秋田藩の場合、7割が地方知行制であったとされる。

　秋田藩では17世紀末から18世紀初頭にかけて、家臣の「家」の由緒、先祖の功績調査が行われ、元禄15年（1702）には、家臣の家格序列が確立した。これを座格制といい、引渡、廻座、諸士の序列が設定された。引渡、廻座には常陸以来の佐竹家の分家や重臣の約80家が該当し、これらの階層から藩政の中枢を担う家老が選出された。

　引渡には佐竹の苗字を名乗り、北・東・南・西の称号を与えられた苗字衆四家（一門）も含まれた。四家は常陸時代に佐竹宗家から分かれた家であり、太田城の周辺に与えられた屋敷の方角から佐竹北家、東家などと呼ばれた。四家は家老職をはじめとした藩の特定の役職に就くことはなかったが、東家のみは久保田城下に屋敷を構え、藩主の政務を補佐した。北家は角館、南家は湯沢、西家は大館にそれぞれ約5千石の

領知を与えられ、所預として配置された。非常時には久保田城下に出府して藩政に関与することもあった。

久保田城下に居住した家臣は、義宣の頃には、その専制的な権力のもと、主君の命令に応じて役割を担うことが多かった。一方で2代藩主義隆から3代藩主義処にかけて藩庁機構の整備が進められると、官僚制に包摂され、家臣たちは特定の役職の職務規程に基づき、職務を遂行するようになった。

3代藩主義処は元禄14年（1701）、幕府の許可を得て弟佐竹壱岐守義長に2万石を新田分知し、庶兄佐竹義賞の子佐竹式部少輔義都にも1万石を新田分知して分家大名家を創設した。これは佐竹家の血筋を維持するためであり、藩主家に後継者が不在である場合には、これらの分家から養子相続が取り組まれた。5代藩主義峰は壱岐守家から養子相続し、義峰には男子がなかったため、式部少輔家の義堅を世嗣とした。この時式部少輔家には後継者がいなかったため、1万石は収公され、佐竹家の分家大名家は壱岐守家のみが江戸時代を通じて存続した。

秋田藩の史料

各藩においては、藩政の確立にともない、その記録化が進み、膨大な量の文書が作成された。秋田藩と隣接した弘前藩では、1660年代から「弘前藩庁日記」として「国日記」と「江戸日記」が作成され、弘前市立図書館に所蔵されている。盛岡藩では家老席日記「雑書」が1640年代以降、江戸時代を通して作成され、全190冊を翻刻した『盛岡藩家老席日記　雑

書』(全50巻)が刊行されている。

　秋田藩においては、このような藩の組織において作成された日記、記録がなかったわけではないが、個人が記した日記、記録が数多く作成された点に特徴がある。19世紀初頭には、佐竹家の儀礼などの先例をまとめた『国典類抄』が藩によって編纂された。『国典類抄』は、家臣の日記などを引用した形でまとめられており、編纂史料ではあるものの、一次史料の原文を確認出来る点で、貴重な史料である。秋田県立図書館において全文翻刻され、全20巻の史料集が刊行されている。また『国典類抄』には、現在所在の確認されていない家老の日記なども引用されており、19世紀初頭までに家臣たちによって、膨大な日記が作成されていたことがわかる。

　秋田県公文書館には、「佐竹文庫」として佐竹宗家(藩主家)に伝来した室町時代から明治時代までの史料5864点が収蔵され、公開されている(秋田県公文書館編集(2011)『佐竹文庫目録』)。『国典類抄』も「佐竹文庫」に含まれる史料だが、そこには藩主の日記や政務記録も含まれている。

　9代藩主佐竹義和は、18世紀末からの藩政改革を主導した「名君」とされ、藩校「学館」(明徳館)を創設したことなどが知られる。義和は天明5年(1785)に11歳で藩主となり、18歳になると江戸における公務の記録を作成するようになった。ここでいう公務は、江戸城における儀礼への参加が主たるものだが、例えば「殿中諸事書留」には年頭に登城した際、将軍に御目見するまでの動きなどが記録されている。義和は、当初自らが儀礼の作法を学ぶことを企図して記録を作成した

第2章　秋田の歴史―大名・旗本の支配と史料―　49

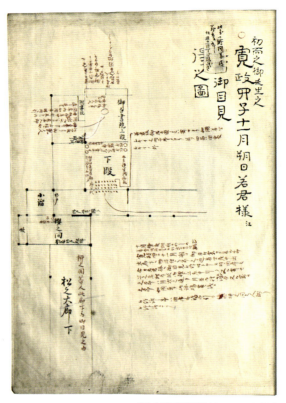

「殿中諸事書留」(秋田県公文書館)

ものと考えられるが、徐々に後継者が儀礼を学ぶため、あるいは殿席を同じくする大広間の同席大名に貸出すことなどを意識して先例をまとめるように変化していった。

　義和は、享和3年(1803)、29歳の時から秋田での政務の様子を自筆で書き残した。これは「用向書留」として、病没する4日前の文化15年(1815)7月4日まで記され、全17冊が

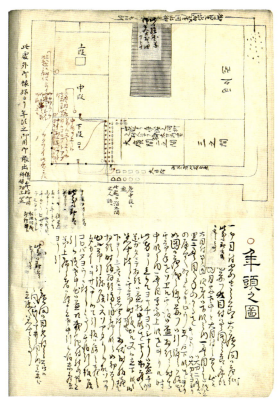

所蔵、資料番号 AS209-95）

現存している。義和が「用向書留」を作成した契機は、重臣層と中・下級家臣層の間に生じた家格序列をめぐる対立への対応を迫られていたことにあった。19世紀初頭には、藩校で学んだ中・下級家臣が藩政運営において不可欠なものとなり、その政治的役割が増したが、そうしたなかで重臣層と対立が生じていた。こうした問題の解決を図るにあたり、義和は政

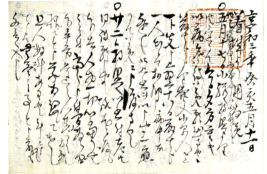

「用向書留」一(秋田県公文書館所蔵、資料番号 AS312-23-1)

務の実態を記録化したものと考えられる。

　「用向書留」からは、義和と家臣の上意下達の実態のみならず、プライベート性の高い空間における家臣との関係や、義和の意思形成の実態までわかる。義和の没後には、その生涯を編年体でまとめた『御亀鑑』が編纂された。これは秋田県公文書館において翻刻され、全7巻の史料集が刊行されているが、「用向書留」には、『御亀鑑』に記されていない機密事項

もみられる。義和は在世中よりは、むしろ明治時代以降、旧藩士らの顕彰により「名君」として広く知られるようになった。義和の実像はベールに包まれており、大名の政治的役割を実証する上でも、「用向書留」は貴重な史料である。

義和の子10代藩主佐竹義厚も「日記」を残しており、12代藩主佐竹義堯も江戸での公務の記録「江府御勤事」を作成した。江戸時代後半の藩主は、政務や公務の様子を記録化することに熱心であった。

佐竹家の家臣も多くの記録を作成した。苗字衆の佐竹北家と南家においては、長期間にわたって日記が作成され、現在まで伝来している。

秋田県公文書館には、佐竹北家に伝来した「佐竹北家文書」1306点が所蔵されている（秋田県公文書館編集（2012）『佐竹北家文書・佐竹家西家文書目録』）。そのなかには「北家御日記」が765冊含まれている。これは延宝2年（1674）から明治27年（1894）までの佐竹北家の記録であり、角館の所預としてあった北家当主が記したものと家来が記したものが含まれる。角館の支配の様子や、北家当主が藩政に関与した際には、その動向も記されている。

湯沢の所預であった佐竹南家でも日記は作成され、天和2年（1682）から慶応4年（1868）までの「南家御日記」全271冊が湯沢市立湯沢図書館に所蔵されている。これは「北家御日記」とは異なり、南家の家来が記したものである。湯沢の武家社会の様相や南家による領知支配の実態がわかる。湯沢市教育委員会によって翻刻作業が進められ、令和6年（2024）

時点で16巻、寛政9年（1797）までの日記が刊行されている。

　藩政運営の中心となった家老の日記なども、秋田県公文書館に多数所蔵されている。佐竹家家臣の日記で広く知られているのは、江戸時代初頭の秋田藩成立期の様子を詳細に記した梅津政景の日記であろう。梅津政景は、兄梅津憲忠（家老）とともに佐竹義宣を支え、慶長14年（1609）には山奉行となり、院内銀山の管理を担った他、元和元年（1615）には勘定奉行として藩の財政を担当した。寛永7年（1630）には家老となり、その後、久保田町奉行として、町行政へも関与した。

　政景は、藩の要職を務めた時期である慶長17年（1612）から寛永10年（1633）にかけて日記を残している。全25冊で、一部影写本が東京大学史料編纂所に所蔵されているが、原本は秋田県公文書館に所蔵されている。これらはすべて東京大学史料編纂所において翻刻され、『大日本古記録　梅津政景日記』全9巻（岩波書店）として刊行されている。江戸時代初頭の藩政の実態を分析する上で貴重な史料である。

　政景日記は、江戸時代においても先例を調査するために参照され、写本も作成された。秋田藩において個人の日記が重んじられたのは、政景日記の影響が大きかったのではないだろうか。

　岡本元朝は17世紀末から18世紀初頭にかけて、3代藩主義処の晩年に進められた座格制や職制の整備に関与した。元禄10年（1697）には文書改奉行として、家譜編纂と系図改のための史料収集、吟味を進め、元禄14年（1701）には家老となった。岡本は元禄8年（1695）から正徳2年（1712）にかけ

て日記を作成した。欠本もあるが、全143冊で、没後に家来が書き継いだものも含まれている。これらは秋田県公文書館で翻刻作業が進められ、『岡本元朝日記』全8巻が刊行されている。

秋田県公文書館においては、佐竹家家臣の日記の翻刻作業が進められ、毎年1冊刊行されている。

『渋江和光日記』全12巻は、19世紀初頭に相手番を務めた渋江和光が、文化11年（1814）1月から天保10年（1839）12月にかけて記した日記全98冊を翻刻したものである。相手番は、引渡・廻座の家臣のための名誉職のようなものであるため、藩政よりは上級家臣の生活の記述が中心となっている。しかしながら、19世紀初頭の久保田城下における武家社会の様相を知る上で重要な日記といえよう。

『宇都宮孟綱日記』全8巻は、天保12年（1841）から慶応4年（1868）にかけて、宇都宮孟綱が家老を務めた期間の日記全119冊を翻刻したものである。秋田藩の幕末の動向を知ることができる。

令和6年（2024）現在、秋田県公文書館では、『野上陳令日記』の刊行が進められている。野上陳令は下級家臣であったが、18世紀末から19世紀半ばにかけて、藩校「学館」（明徳館）の役職などを務め、祭酒（学長）となった。藩政運営と学問、下級家臣の実務能力を知ることのできる重要な史料である。

アーカイブズによる史料整理と公開

このように江戸時代の膨大な史料が現代まで伝来し、整理、

公開のみならず、翻刻作業が進められて利用しやすい環境にあるのは、秋田県においてアーカイブズが充実していることによる。アーカイブズとは組織、個人が作成した記録を指すこともあるが、記録の内、重要なものを後世に伝えるために整理、公開する施設も指す。アーカイブズとして、公文書館、文書館、史料館などがあるが、これらは歴史資料に加えて、明治時代以降に作成された公文書の内、重要なものを特定歴史公文書等として収蔵し、整理、公開している。

　秋田県はアーカイブズの設置が、地方自治体のなかでも充実している。秋田県公文書館は、平成5年（1993）に東北六県で最初に設置されたアーカイブズである。秋田藩関係史料を所蔵し、史料の刊行事業を進めていることはここまで述べてきた通りだが、秋田県で作成された公文書の整理、公開も行っている。デジタルアーカイブ秋田県公文書館を利用すれば、所蔵史料の検索が可能であり、デジタル化された江戸時代の絵図などをネット上で閲覧することも可能である。

　大仙市アーカイブズは、平成29年（2017）に東北地方の市区町村では、はじめて設置された。専任のアーキビストが配置され、公文書と地域史料の整理、公開が進められている。アーカイブズで働く専門職員をアーキビストといい、公文書の内、後世へ残す記録を評価選別し、特定歴史公文書等として登録して、人びとの利用に供することを主たる職務としている。職務の重要性に比して、日本ではアーキビストの養成、配置が世界的に遅れており、今後の課題である。

　令和2年（2020）には横手市公文書館が設置され、特定歴

史公文書等の公開が進められている。

　秋田市では、平成29年（2017）に公文書館的機能を有した総務部文書法制課歴史資料閲覧室が設置された。秋田市の特定歴史公文書等の他、『秋田市史』編纂時に収集した古文書の写しを閲覧することもできる。また『秋田市史』に掲載されていない史料の翻刻が進められ、『秋田市歴史叢書』として刊行されている。

　今後、さらにアーカイブズが充実し、歴史資料を利用しやすい環境が整えられることで、秋田の歴史をより深く実証することが可能になるだろう。

参考文献

秋田県編（1964）『秋田県史』（第2巻、近世編、上）歴史図書社

兼平賢治（2022）「東北諸藩の日記」（福田千鶴・藤實久美子編『近世日記の世界』ミネルヴァ書房）

塩谷順耳、富樫泰時、熊田亮介、渡辺英夫、古内龍夫（2001）『秋田県の歴史』山川出版社

長谷川成一（1998）『近世国家と東北大名』吉川弘文館

福田千鶴（2005）『御家騒動』〔中公新書〕中央公論新社

松尾美恵子（1981）「大名の殿席と家格」（『徳川林政史研究所紀要』昭和55年度）

渡辺英夫（2019）『秋田藩』現代書館

清水翔太郎（2020）「19世紀初頭の秋田佐竹家における大名・家臣関係」（『秋大史学』第66号）

清水翔太郎（2023）「藩政の展開と藩主」（東北大学日本史研究室編『東北史講義』【近世・近現代篇】〔ちくま新書〕筑摩書房）

Column コラム 2

文化的公共施設としての映画館

中尾　信一

　地域文化学科1年次必修科目「地域学基礎」内の講座「秋田の映画文化について」のなかで、毎年「映画館の歴史」についてのミニレクチャーを行なっている。1895年フランスでリュミエール兄弟がスクリーン投影式によってフィルムを上映したのを始まりとして、現在まで数多くの映画が製作・上映されてきた。映画の「歴史」は、当然それらの映画作品の積み重ねによって作られてはいるが、一方でそれらの作品を「観客」が受容するというプロセスなしにその「歴史」は成立しない。したがって、映画の「観客」がどのような人々であったのかということはもちろんのこと、さらにその「観客」がどのような場所や環境のもとで映画を鑑賞してきたのか、その「鑑賞空間」がどのような変遷をたどってきたのか、という要素を無視して「映画史」は形成されえない。近年映画鑑賞をめぐる環境はネット配信の普及によって激変しており、「映画館」という従来からの鑑賞形態は相対的に縮小傾向にあると言えるが、にもかかわらずそれは、依然として映画の主要な「鑑賞空間」としてその重要性を完全に失ってしまっているわけではない。映画の歴史とその社会的意義を考える上で、「映画館」の歴史的な変遷を理解しておくことには意味があると考えられる。

　様々な歴史的な紆余曲折を経て、現在の映画館の形態は、「シネマ・コンプレックス」と「ミニシアター」という二つの形に集約されてしまっていると言ってもいいだろう。日本では1990年代後半から主に都市郊外で建設が始まり、一館につき5～6スクリーンを持つことで効率的な集客力が期待できる「シネコン」という形態は、現在では都市中心部にも存在するようになっている。一方「ミニシアター」は、

主に都市部に建てられ、良質の「アート作品」やいわゆる「名画」を中心に上映している。実際には、この両者の中間的な性質を持ち、ポピュラーな映画もマイナーな作品も上映する「既存興行館」(いわゆる昔からあるタイプの映画館)があるが、この20年間でその館数は激減しており、「ミニシアター」化へと方向転換することでかろうじて生き残りを図ろうとしているものも多い。

　現在秋田市内にある映画館は、「シネコン」が二つ(「TOHOシネマズ」と「アルヴェシアター」)、「ミニシアター」は「アウトクロップ・シネマ」(月一回2日間だけの上映)一つだけである。かつて存在した「ミニシアター」や「既存興行館」は、2000年代後半から2010年代にかけて次々に閉館した。ただし秋田県内では、大館市にある「御成座」が旧作やミニシアター系の作品を積極的に上映している。

　私たちが映画館に映画を見に行く理由は様々であり、比較的大きなスクリーンで劇場でしか味わえない臨場感と興奮を得たいという欲求はその一つでもある。しかし、近年のスクリーン数の増加とは対照的に映画館数そのものの減少傾向、特に「ミニシアター」や「既存興行館」の顕著な衰退は、「シネコン」では上映されないような製作費は低くても質の高い作品を見られなくなるという点で、多様な映画を見る機会を奪われてしまうという深刻な状況を生み出している。

　その一方で、このような状況を是正しようという動きもある。「コミュニティシネマセンター」という団体の活動はその一つである。(2023.5.27.朝日新聞朝刊記事「フロントランナー」で紹介されている。)「どんな地域に暮らしていても、多様な映画に接する機会を提供」するという「コミュニティシネマ」の理念に基づき、たとえば、東日本大震災の後に「シネマエール東北」というプロジェクトを立ち上げ、被災者のための映画上映会を開催してきた。その他にも、映画上映

コラム2　文化的公共施設としての映画館　59

Column コラム 2

の専門家を育成するための講座の開設、子どもを対象として「ミニシアター」に慣れ親しんでもらうためにサイレント映画などを上映する企画、映画上映に携わる人たちの交流を目的とした「全国コミュニティシネマ会議」の開催、などの取り組みを行なっている。

この理念の背後には、映画館が「商業的な娯楽施設」であると同時に「公共的な文化施設」としての役割を果たすべきだという考え方がある。映画館の運営が、映画上映の対価として観客から料金を徴収するという経済活動である限り、そこには「商業主義的」な要素が常に付随するが、他方で「映画館」という空間は、映画をつうじて多種多様な人々や集団が語る個性的な物語の存在を知ったり、日本や外国の習慣や特徴についての知識を身につけたり、教養や美意識を高めていくという「文化」教育の側面を担っていることも確かである。世界中の国々が、その程度や力の入れ方に違いはあれ、映画館や映画上映施設に対して公的な振興対策を行なっているのも、「商業主義」的な枠組みには収まり切らない文化活動の重要性を認識しているからこそであろう。その意味で、映画館は「公共性」を有していると言える。

広場や公園が、みんなが自由に集まることができ、様々な人々と出会い交流し、くつろぎとやすらぎを共有できる場であるのと同様に、映画館もまた、見知らぬ人と同じ時間と空間に存在し、同じ感動や興奮を共有し、スクリーンを通した未知の経験が可能になる場所である。公民館や学校が教育・文化活動の場であるのと同様に、映画館は教養を高め交流を深める空間になりうる。だからこそ国や自治体がこのような施設に対する保護・援助の対策をとる意味がある。こうした空間、誰もが共有しうるという価値観に基づく場のことは、近年「コモン」と呼ばれるようになっているが、その意味において映画館も「コモン」としての性質を持っている。それは必ずしも国

や自治体の完全な規制や保護下におかれるほど自立していなくもないし、企業活動としての側面を全て捨てる必要もない。あらゆる人々に自由に開かれ、その集団的な運動に何らかの形でかかわり、ある程度の自立（律）性を持つ限りにおいて、それは「コモン」なのである。

　映画館が「コモン」であるという認識が地域全体に広まって、文字通りそれを共有しあうような存在になることを願ってやまない。

大館市のミニシアター「御成座」。2024年で開館10周年を迎えた。

第3章 秋田の美術

西洋絵画の源流から観る

佐々木　千佳

秋田蘭画の驚愕

　秋田には、秋田という場所において、あるいは秋田出身の美術家によって生み出された多彩な美術が存在している。そのうち本章では、江戸時代半ばに日本伝統の画材を使用しながら西洋画法を取り入れた、秋田蘭画作品の先進性とその特長に焦点をあててみたい。

　江戸時代半ば、秋田藩の若き武士たちが中心となって制作した「阿蘭陀風の」絵画、すなわち秋田蘭画派として称される絵画作品がある。本草学者の平賀源内（1728-1779）の秋田来訪を契機とし、秋田藩八代藩主の佐竹曙山（義敦）（1748-1785）とその家臣小田野直武（1749-1780）らが1770年代に描いた洋風画である。

　作品を前にすると、色鮮やかな牡丹や蓮の花の瑞々しく立体感のある表現（図1）、人物を迫真的に捉えた姿、また画面奥まで遠く見晴るかす風景の表現（図14）などに目を奪われる。とりわけ目をひくのが、近景を極端に大きく拡大し、奥行きのある遠景を小さく配した「近景拡大（遠小近大）」の空間構成である。これらは、陰影法や遠近法といった西洋画の表現技法を駆使して描かれている。東西美術の稀有な融合から生み出された一連の作品は、現代の目から見てもなお、その

図1　佐竹曙山「赤牡丹図」(佐竹曙山『写生帖』【秋田県指定文化財】より)
　　　江戸時代　18世紀　秋田市立千秋美術館

斬新さに驚かされるものだ。

　日本の洋画といえば、一般的に江戸時代末期から明治初期にかけて高橋由一(1828-1894)らが開拓した大きな潮流が思い浮かぶだろう。しかしながら、こうした流れへの曙光となったのは、江戸中期以降の蘭学解禁とともに急速に広がりをみせた西洋研究であった。鎖国下で唯一の玄関口であった長崎には、オランダやその他の国からキリスト教に関連しない書物や西洋銅版画などが舶載品としてもたらされた。

　西洋画法のうち遠近法は、早くは延享年間(1744～1748)頃の奥村政信による、建物の奥行きを強調した「浮絵」に見られる。また中国から伝来し、反射式覗き眼鏡のからくり装置を利用した「眼鏡絵」にも不完全ながらも見出すことができる。

秋田蘭画は、こうした外来文化の移入による視覚効果への関心の高まりとともに、ありのままに対象物を捉えようとする博物学が興隆する中で誕生した。

このようにして、安土桃山時代に宣教師らによって西洋文化がもたらされ、そして近世初期のキリシタン系洋風画である南蛮画（第一期洋風画）が衰滅してから初めて、西洋画研究が秋田蘭画派によって行われたのであった。その活動は、小田野直武の死を契機に、約七年間という、画派としては短命な期間で幕を閉じることとなった。そのため、直武と同じ角館出身の日本画家、平福百穂（1877-1933）によって20世紀初頭に研究されるまで、美術史の流れの中に隠れていた。しかしながら、その先駆的な西洋画法摂取の試みは、のちの司馬江漢、亜欧堂田善らの江戸の洋風画や銅板画へと確実に受け継がれていったのだった。19世紀に入ると、こうした流れは葛飾北斎、歌川広重らの浮世絵の風景版画にまで及ぶこととなる。一方19世紀後半の西洋では、ジャポニスム（日本趣味）が大流行し、日本の浮世絵版画の持つ平面性や画面の切り取りなどの構成やモチーフが、印象派以後の画家たちに多大な影響を与えたことはよく知られている。

　一例としてオランダの画家フィンセント・ファン・ゴッホ（1853-1890）が描いた《花咲く梅の木》（1887年）を挙げよう。歌川広重の「名所江戸百景　亀戸梅家舗」を模写したものである（図2）。その画面は斜めに横切る大きく太い樹木によって分断されている。ゴッホは、広重の浮世絵を異なる摺りのものも含めて所有していたという。大胆な構図や色づかいは、彼ら

図2　左：歌川広重「名所江戸百景　亀戸梅家舗」　江戸時代　安政4年（1857年）
右：フィンセント・ファン・ゴッホ《花咲く梅の木》　1887年
ともにアムステルダム、ファン・ゴッホ美術館所蔵

図3　ポール・ゴーギャン《説教の後の幻影（ヤコブと天使の闘い）》
1888年、スコットランド国立美術館

新世代の芸術家たちの関心を惹きつけた。浮世絵の形式上の特徴を捉えながらも、梅の木をさらに平坦化するなど新しい創作にも展開している。

　ここで画面を横切る大きな樹木は、たとえばポール・ゴーギャンの作品（1888年）（図3）においても空間を分断するモチーフとして登場している。ゴーギャンの絵画空間は、もはや従来の伝統的な西洋絵画に見られる一点透視図法に沿って構成されたものではなく、各モチーフが平面的に配置された色と形による新たな表現をみせている。

　他方、佐竹曙山の「松に椿に文鳥図」（個人蔵）では、松の太い幹が画面右下から左上に向かって大きく大胆に配されている。松は、曙山がよく描いたモチーフで、幹が画面中央を大きく横切る構図は、彼の代表作「松に唐鳥図」（重要文化財、個人蔵）や「老松図」（帰空庵コレクション）、「竹に椿図」（平野政吉美術財団所蔵）などの作例で大きな特徴をなすものだ。こうした大胆な遠小近大の空間構成や意外性の大きなモチーフの配置は、浮世絵を媒介として西洋近代絵画にまで連なるものとしてみなすことができる。

　以下において観察していくように、秋田蘭画は、西洋画の写実表現や技法を積極的に摂取することで、対象の持つ迫真性を追求した。この点は、上述の日本洋風画の展開の源流となっただけではない。西洋の影響を摂取した、北斎らの大胆な構図の風景画における革新性を、かなり前に先取りするものだったことは注目に値する。後述の西洋画の理論を本格的に研究した点や、当時入ってきたばかりの鮮やかな紺青色の西

洋画材、プルシアンブルー（独：ベイレンブラーウ（ベルリン藍））をおそらく平賀源内を通じていち早く作品に取り入れていることからも、当時の最先端の画材や画法への取り組みは、先進的なものだったのである。

　秋田蘭画は、これまでの日本の伝統的な花鳥山水画や、享保十六年（1731年）に来朝した中国人画家の沈南蘋による写実的な花鳥画（南蘋派）の影響を土台としている。それでもなお、画面を構成する近景拡大という点において、最も大きなインパクトをもたらした要素として洋画法に多くを負っていることは揺るぎない事実であろう。では、具体的にどのような点で作品の表現として結実しているのだろうか。

　本稿は、秋田蘭画の成立について様式上の影響関係を詳細かつ全般的に概観するものではない。以下では、西洋美術史の視点から伝統的な構図やモチーフ、画法などの西洋絵画の構成要素に加え、その背景や意味も含む源流を探っていく。そこからあらためて彼らの試みの前衛性を浮かび上がらせてみることとしたい。

西洋の知の受容と『解体新書』扉絵

　安永二年（1773年）、博物学や発明など多彩な分野で活躍した本草学者の平賀源内が、鉱山開発のために久保田藩主によって秋田に招かれた。角館生まれの秋田藩士、小田野直武の画才を見出したとされる。直武は、翌年藩に江戸行きを命じられ、「銅山方産物吟味役」という独自の役職名で源内のもとへ派遣されたという。そこで西洋の学問や文化を研究する

蘭学者たちと交流し、彼らが所蔵する洋書の挿絵などから西洋画法を学んだ。直武は、主に江戸において、蘭学者らとの密接な交流関係のもとで洋風画の画才を伸ばしたとみられている。

　安永三年（1774年）、直武は杉田玄白らによって初めて西洋医学書として翻訳された『解体新書』の挿絵をまかされる。原書はドイツ人医師、ヨハン・アダム・クルムス著、ディクテン訳『解剖図表』（1722年）の蘭語版『ターヘル・アナトミア』（1734年）である。しかし全裸の男女が建築構造の左右に向かい合って並び立つ本書の著名な扉絵（図4）だけは、アントウェルペンで1568年に刊行された、スペイン人医師ファン・ワルエルダ・デ・アムスコによる『人体解剖図説』（図5：1583年刊行の蘭語版）に基づいている。本扉絵の下絵は、アントウェルペンの画家でピーテル・パウル・ルーベンスの師、ランベルト・ファン・ノールトが1566年に描いた。直武は、原図の銅板画を繊細な線描によって再現している。左の男性は右手におそらく林檎の果実を持ち、女性に差し出すようなしぐさをしていることから、旧約聖書の登場人物アダムとエヴァとみられる。男性はワルエルダの手本から修正され、下腹部が左手で隠されている。当時はキリスト教禁制の時代であるゆえ、アダムとエヴァとしての属性までは理解されずとも、扉絵においては配慮が施されたのであろう。

　なお、『ターヘル・アナトミア』の最初の挿絵「外形部分篇圖」には、杖を持つ「背面」の裸体男性と、右手で下腹部を隠す「腹面」の裸体女性が描かれてもいる。ここには、古代ギリシャ

図4　小田野直武画『解体新書』
　　杉田玄白ら訳
　　安永3年（1774年）国立国会図書館

図5　ワルエルダ『人体解剖図説』
　　1583年　秋田市立千秋美術館

の彫像のポーズでルネサンス期に復活した、重心を片足に置く姿勢「コントラポスト」や、片手で下腹部を隠す「恥じらいのポーズ」も見られる。

　直武が扉絵のために参照したこのワルエルダの書は、フランドル（ベルギー西部を中心とする地域）人の解剖学者アンドレアス・ヴェサリウス（1514-1564）の『人体の構造について（ファブリカ）』（バーゼル、1543年）の解剖書抄録である。近代解剖学の祖と称された彼のテクストには、ヴェネツィアで彫られた木版の人体解剖図譜が多数掲載されている。その観察に基づく構造描写の正確さと図譜としての調和は、美術の分野にも多大な影響を与えた。本書以前に出版されたヴェ

サリウス最初の主要な解剖学書である『解剖図譜』（ヴェネツィア、1538年）の中に収められた実際の解剖に基づくスケッチには、ヴェネツィア派の巨匠ティツィアーノ（1490頃-1576）の工房にいたフランドル人画家ヨハネス・ステファヌス・ファン・カルカールや、版画家ドメニコ・カンパニョーラらによる精緻な人体の骨格図も含まれていた。これらはその品質の高さによって、ティツィアーノ本人作と考えられたこともあったという。

　ヴェサリウスの図譜は、文章よりも挿絵を重視した最初期の医学書であり、16世紀半ば以降の造形美術に大きな影響を及ぼした。実際この模範的な解剖図譜は、そこから派生した多数の解剖図譜を生み、ヨーロッパ中に広範な影響を与えた。ヴェサリウス自身、ヴェネツィアやバーゼルといった出版業の盛んな都市のネットワークを活用した。時には海賊版を訴えることもありつつ、解剖学普及のために図解の有用性を十分に意識していたとみられている。その結果、彼の解剖図に派生した多数の解剖書は、芸術家たちが人体の皮膚とその下の筋肉の動きを生き生きと表現するために活用されることになったのである。

　遡って、初期ルネサンス期の人文主義者レオン・バッティスタ・アルベルティ（1404-1472）は、『絵画論』（1435年）の中で次のように述べている。「裸を描くなら、まず骨と筋肉を配し、それからそれを肉で覆っていく。そうすれば、その下のどこにそれぞれの筋肉があるかを認識するのは難しくないはずである」。なお、アルベルティは絵画を視線のピラミッ

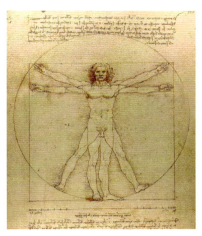

図6　レオナルド・ダ・ヴィンチ《ウィトルウィウス的人体》
1487年頃　ヴェネツィア、アカデミア美術館

ドにより形成された平面とし、線遠近法の理論を初めて確立した理論家でもある。当時はいまだ職人とみなされていた、芸術家の地位向上を目指す画家や彫刻家たちは、解剖学を含む理論や知識を身につける必要性を認識し始めていたのだった。

　では人体の構造やその比例を把握するために、画家たちは他にどのようなものを模範としたのであろうか。レオナルド・ダ・ヴィンチ（1452-1519）の人体比例図（図6）を見てみよう。彼はアルベルティと同時代人で、初めて解剖図解を手稿に残した画家である。本図は、古代ローマの建築家ウィトルウィウスの『建築十書』の記述を図解したもので、人体は両腕と両足を左右に広げると円と正方形に内接するという見方を示している。レオナルドは、比例に基づく美を、自然界における

あらゆる力の比例的な作用に結びつけて考察しようとした。こうした見方は、アルベルティやその理論を実践してみせた建築家にとっての大きな関心事であった。

こうした流れにおいて17世紀以降の西洋の諸都市では、美術学院（アカデミー）が次々と設立され、解剖学、幾何学、遠近法が必須科目として教授されるようになる。ここでは古代彫刻および「アカデミー」と呼ばれた裸体素描による教育が重視され、古代彫刻や実物を写生することが奨励された。このように芸術と科学は不可分のものとみなされ、また計測や比例的調和において表わされた裸体像は、西洋美術における象徴というべきものとなった。じつに、17世紀後半から18世紀末にかけて出版された絵画理論書には、ドイツの画家アルブレヒト・デューラー（1471-1528）の『人体均衡論四書』（1528年）に端を発する多数の人体図がみられる。本書は古代とルネサンス期の比例研究の成果である。デューラーはこれを活かし、二度目のイタリア旅行直後に、北方美術における初の裸体像となった作品を制作している（図7）。以降の絵画理論書には、透視図や計測図、またヴェサリウスの解剖図譜にも共通する多くの人体模型図が含まれることになったのである。

さて、このような背景を辿ることのできるワルエルダの書が、いつ頃秋田藩に伝わったのかは判明していない。しかし、直武が江戸に来る以前の秋田時代にすでに本書または他の西洋医学書を参照していた可能性が指摘されている。西野氏（1997）によれば、ヴェサリウスの刊行から140年ほど後の天和年間には、日本でも西洋の近代的な解剖学書の翻刻出版が始めら

図7　アルブレヒト・デューラー《アダムとエヴァ》
1507年　マドリード、プラド美術館

れていたという。いずれにせよ、こうした西洋の実証主義の成果に基づく挿絵は、科学研究の説明を最も視覚に訴えるものとして、有用かつ魅力的なものとして映っただろう。

　さらに、直武らは、なぜ原著クルムスの扉絵（ここでは中央に女性が横たわる解剖台の様子が室内に表わされている）ではなく、ワルエルダの扉絵を手本としたのであろうか。ワルエルダの書が秋田藩に伝来していた時期との関係や、クルムスの原著扉絵がやや直接的な描写であること、『解体新書』挿絵が直武の江戸到着後わずか数カ月で完成されたという早さなど、考察点はいくつか挙げられるがいまだ定かではない。しかし、前述のアカデミーを思わせる裸体の男女の人体が描

かれたワルエルダの扉絵は、西洋の学知を伝えるための、より象徴的なものとして採用されたのではなかっただろうか。

西洋画法と『写生帖』

　こうした西洋の図解に由来する人体図は、佐竹曙山『写生帖』(秋田県指定文化財)の第三冊中にも含まれている(図8)。これは佐竹家に伝来した画帖で、爬虫類や昆虫類を所収する第一冊、鳥類の写生図の第二冊、1778年に著された日本初の西洋画論『画図理解』『画法綱領』を含む第三冊からなる。画帖には、鑑賞用の博物的な図譜や本画の下絵となった「粉本」として描かれた多種多様な図が収められている。博物学が盛んであった当時、蘭癖大名とも呼ばれた公家のネットワークにおいてこうした図譜が作られ、またそれらは交換、模写されていたとみられている。

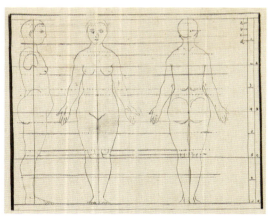

図8　「裸婦図」(佐竹曙山『写生帖』)　秋田市立千秋美術館

さてこの裸婦の図は、アムステルダムで活躍したフランドル人画家ヘラルト・デ・ライレッセによる芸術理論書『大画法書』(1707年) 中の附図の写しとされるものだ。舶載品として江戸にもたらされたこの銅版挿絵は、司馬江漢ら洋風画の画家たちにも多大な影響を与えたことが知られる。細い線描によって、裸婦の前面、背面、側面が八頭身の比例とともに図解されている。ライレッセの図は、先述のレオナルドの挿図や、デューラーの芸術論において画家が様々な体形の人を実際に測定し、人体比例の規範として図示したものに端を発している。

　加えて裸婦図のある同じ第三冊には、西洋透視図法 (線遠近法) についての九点の附図を所収している。そのうちの一つには、二重螺旋構造図という興味深い図解が見られる (図9)。これについては、レオナルド・ダ・ヴィンチの『パリ手稿B』中にも似た図様が見られる。彼が晩年に過ごしたフランス、ロワール地方のシャンボール城内の二重螺旋階段の設計の構想に影響を与えたとされる螺旋図 (図11) や、二重構造の斜路図 (図12) の挿絵を遠く引き継ぐものだ。

　曙山の図は、これまで参照源をめぐって議論がなされてきたが、16世紀のイタリア、マニエリスム期の建築家ジャコモ・バロッツィ・ダ・ヴィニョーラ (1507-1573) の著作『実践的透視図法に関する2つの解法』(1583年) の中の、二重螺旋階段の図 (図10) からの写しであるだろう。ヴィニョーラの立面図中で、階段部分のアラビア数字は、下部の半円形の平面図と対応している。それが曙山の図では、"七"から"十九"と漢数字に書き換えられ、丁寧に付されている。

図9　「二重螺旋階段図」
（佐竹曙山『写生帖』より）
秋田市立千秋美術館

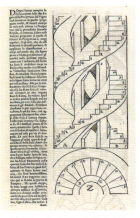

図10　「二重螺旋階段図」
（ジャコモ・バロッツィ・ダ・ヴィニョーラ『実践的透視図法に関する２つの解法』143頁より）　1583年　ロンドン、ウェルカム図書館

図11　レオナルド・ダ・ヴィンチ
　　　「二重螺旋図」
『パリ手稿B』1487-1490年頃
子葉69表　フランス学士院

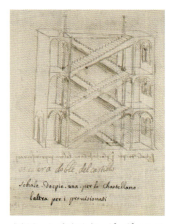

図12　レオナルド・ダ・ヴィンチ
　　　「二重構造の斜路図」
『パリ手稿B』1487-1490年頃
子葉68裏　フランス学士院

ヴィニョーラの書は、彼の死後にイタリアの数学者イニャツィオ・ダンティ（1536-1586）が詳細な註釈をつけて出版したものである。本図は、ダンティが螺旋階段設計の説明のために三頁を挿入した箇所に見られる。そこでは、16世紀までの、ブラマンテ(1444-1514)やミケランジェロ(1475-1564)、そしてヴィニョーラ自身と、当時のイタリアの建築家たちが手掛けたこのタイプの階段について言及されており、この構造がいかに興味を惹くものだったのかがわかる。

　実際ヴィニョーラはフォンテーヌブローの装飾のためフランスを訪れており、そこでシャンボール城の二重螺旋階段を知った可能性がある。ヴィニョーラの建築作例としても、ローマ近郊カプラローラのパラッツォ・ファルネーゼの二重螺旋階段が挙げられるが、当時もその美しさが外来者にも知られ、賞賛されたという。また『実践』には建築のより実践的な技法としての構造理解という側面が色濃くみられるが、レオナルドの二重構造も理想都市の設計や邸宅構造などの機能と関連するものとみられる。本書は、ヴィニョーラによる別の建築理論書『建築の五つのオーダー』と同様に広く流通した結果、江戸時代の日本で、曙山が何らの契機に目にすることができた可能性がある。

　同じ第三冊の『画図理解』『画法綱領』には、曙山が実際に写したと思われる透視図法の図解「臨之法」が収められている。こちらもヴィニョーラの主要な論点の距離点についての図解（図13）に由来するものと考えられ、「透視図法」に関わる箇所は、同一の西洋書の参照をうかがわせる。とくにこの距離点

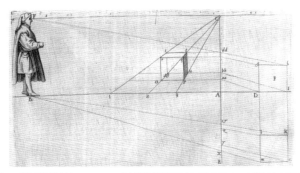

図13 「透視図」(ヴィニョーラ『実践的透視図法に関する2つの解法』65頁より)

の理解による透視図法に関しては、ヴィニョーラとダンティによって完成の域に近づけられたものであった。

このように、『画図理解』にはヴィニョーラの透視図法に近似した「臨之法、望之法」「臨之図、望之図」が添えられ、消失点を設定した画法が説明されている。また本文にも、次のように言及されている。「樹之近緑色更濃樹之遠緑色淡、(中略)人目之視物矣近者大遠者小此其常也、(中略)則眼力尽而不能視此所尽則地平線也」(下線筆者)。つまり、眼前の景観が尽きる箇所に地平線があると述べる。さらに、色彩の近濃遠淡によって遠近感を表現する「空気遠近法」にも触れられている。また『画法綱領』では、次のように、写生の重要性について説く実証的な態度も読み取れる。「画ノ用タルヤ似タルヲ貴フ、天文地理人物花鳥逼神絶妙コレ似タルヲ貴フナリ」。冒頭の牡丹図(図1)を再度見てみても、花弁の重なり合う部分が精緻に描写され、葉や茎に施された陰影にもこうした西洋画法に基づく写実的態度が観察されよう。

佐竹曙山筆「湖山風景図」と風景画

　続いてこうした成果によって本画となった作品を見てみよう。安永七年（1778年）頃の制作である曙山の「湖山風景図」（図14）は、横長の画面に実景とみられる湖の風景が広がっている。画面右の「曙山画」の墨書と、蘭語の朱文円印の落款がひときわ目をひく。近景に松の木、中景には人物が見える曲がりくねった街道、遠景の湖の向こうには山々が見え、空に飛ぶ鳥の群れも小さく描かれている。また銅版画に特有の、細い線を重ねて陰影を施すハッチングを思わせる表現が見られる。

　本作品は、小田野直武が所有していた銅版画《善きサマリア人のいる風景》（個人蔵）（図15：メトロポリタン美術館所蔵）を原図としたものと考えられている。左端において二本の松の幹が交差する形態をはじめ、木の幹で画面を枠取りするような構図は、日本風景に置き換わっている。本作は日本風景が西洋的な構図で表現された例として、浮世絵風景版画の先駆けともいえよう。

　さて直武所持の銅板画の原画は、フランドルの画家ヤン・ブリューゲル（1568-1625）によるが、その特徴はどのようなところにあるだろうか。まず、父のピーテル・ブリューゲル（1525/30-1569）の描いた風景画から見ると、上方から全体を見晴るかす視点で眺望を捉える「世界風景（Weltlandschaft）」と称される構図に特徴がある。手前の土地の急な傾斜の向こうに広範囲に景観が展開している（図16）。

　風景画は16世紀後半以降フランドルにおいて、キリスト教

図14　佐竹曙山「湖山風景図」【秋田県指定文化財】
安永7年（1778年）頃　秋田市立千秋美術館

図15　ヤン・ブリューゲル原画《善きサマリア人のいる風景》
制作年代不明　ニューヨーク、メトロポリタン美術館

絵画の背景から一つの独立したジャンルへと発展していった。本作品でも、前景には教訓的なメッセージを込めた絞首刑のモチーフとともに、農民たちの活動する姿が描かれている。聖書の物語の主人公や人々は、点景となって広大な山岳風景と一体化して見える。

　それに対してピーテルの下絵に基づくヤン原画の銅板画作品（図17）を見ると、樹木の生い茂った森の様子が前景に描かれ、片方の右側に遠景が広がる構図が特徴となっている。本作品は、ピーテルがイタリア旅行後に手掛けた〈大風景画〉連作とも関連するもので、近景の樹々をクローズアップする手法は、それ以前に流行した「世界風景」とは異なる様相を呈している。こうした近景描写には、ピーテルのイタリア旅行の成果としてカンパニョーラらの、鬱蒼としたうねりを伴うような動きのあるヴェネツィア派の樹木描写からの影響が指摘される。

　そしてこのような力強い森林風景画の構図こそ、子であるヤン・ブリューゲルに素描を通じて受け継がれたものであった。これらは17世紀を通じて大いに流行し、直武が所持していた事実がまさに示すように、その多くがこうした版画として流通していたらしい。しかしこの時期かなりの数が制作された森林風景は、まだ必ずしもありのままの実景として描かれたものではない。それでも、自然風景そのものへの関心が表現され、ある程度の実景描写を伴う写実風景へと変遷していく過程として辿ることができよう。

　先述のとおり、秋田蘭画の風景描写においては、極端に近

図16　ピーテル・ブリューゲル《絞首台の上のカササギ》
1568年　ダルムシュタット、ヘッセン州立美術館

図17　ヒエロニムス・コック（ピーテル・ブリューゲル原画）
　　　《キリストの誘惑のある風景》
1554年頃　ワシントン、ナショナルギャラリー

景が大きく、遠景が小さく描かれる。近景と遠景の間の中景の不在については、曙山『画図理解』中の、遠方の天地に対し俯角と仰角という二極分割の視点をとる、という記述と結びつけられることがある。しかし、「湖山風景図」では、完全な中景不在とはなっておらず、近景と地続きの中景において

視線が自然と右後方の空間へと導かれる。つまり、前景から近景地と続く中景、そして後景へと画面が収束していく点に、ヤン・ブリューゲルの多くの森林風景画と共通する特徴が捉えられよう。

　さらにフランドルやオランダの銅板画作例を通覧すると、遠景部分の空に飛翔する鳥類が頻繁に描かれていることに気がつく（図14右上部分）。この小さな鳥たちは「湖山風景図」のみならず、直武作「風景図」（個人蔵）や次に見る「不忍池図」（図18）の空にも、鳶のような鳥が、逆さハの字に羽を広げた様が細筆で描かれている。このような細部にも西洋画の摂取が読み取れる点は、秋田蘭画派の観察眼を示す真髄だろう。

小田野直武筆「不忍池図」と静物画

　そうした細部描写は、直武作「不忍池図」の全体図にも現れている。重要文化財として秋田蘭画を代表する作品で、その完成度の高さから直武の後半画業の安永年間（1772〜1781）後期に描かれたと考えられる。画幅は、横132.5㎝、縦98.5㎝と異例の大きさを持つ。横長の画面に、秋田藩上屋敷からも近い上野の名所、不忍池を遠望する風景が静かに広がっている。それを背にする前景には、大きな柳の木が右端に枠取るように描かれ、その傍らには鉢植えの大輪の紅白の芍薬と白い西洋風の鉢植えの二種の草花が写実的に描かれている。南蘋派の描法と西洋画の陰影、明暗表現を見事に融合させた草花の写実描写や、伸びた影の描写が画面に現実感を与えている。その一方で、池の畔に鉢植えが置かれているという状

図18　小田野直武「不忍池図」
【重要文化財】江戸時代　18世紀　秋田県立近代美術館

況が不思議な雰囲気を醸し出している。

　このように、本図は伝統的な花のモチーフと、三次元的な空間に広がる風景を極端な対比で組み合わせた、全く新しいタイプの花鳥山水図である。縦幅(たてふく)の花鳥画で、画面を横切る樹木や岩に花のモチーフが前景に配され、背後に風景が展開する遠小近大の構図例は、漢画や日本の近世障壁画にも存在する。しかし、このように単独作品で、なおかつ横幅の大画面にこうした構図を用いた作品は他に例を見ない。また江戸の「名所図」の趣も見せているものの、その枠組にとどまらないモチーフの組み合わせは唐突にも感じられる。

　そのため、本図の制作背景に関して近年様々な解釈がなさ

れてきた。とくに前景に写実的に描かれた植木鉢については、各々の花が咲く季節が異なることから「四季絵」の表現ともみなされている（夏の花である紅白の芍薬、春の花であるオレンジ色のキンセンカなど）。白い鉢植えの草花のうち、従来ムシャリンドウと同定された青花は、近年セージ（薬用サルビア）であると指摘された。その効能が女性の健康に関わることから、本図が佐竹家と島津家の婚礼の祝いの贈答品と考えられるという。また不忍池というトポス（場所）や芍薬などのモチーフに中国、前漢時代の文学的イメージが投影された可能性や、秋田藩邸の楼閣に飾られて鑑賞されていたとみなす説も提起されてきた。

　だがこの異例の作品へのヒントはやはり、西洋への眼差しの中に見出せるように思われる。ここで、前景に大きく描かれた二つの鉢植えと風景との関係に着目してみよう。今橋氏（2009）によると東洋画において花瓶や水盤に活けられた状態の花を描く「瓶花図」は秋田蘭画派に好まれ、またこのモチーフへの志向は中国文人趣味と結びついていたという見方もある。このような瓶花は、曙山「燕子花にナイフ図」（図19）にも見られる。舶載のナイフが鋭角的に配され、器にも西洋的な陰影が施されている。プルシアンブルーが使用されたという紫色の花弁が印象的な作品で、付された蘭語印章も西洋への関心を強く示すものだ。

　しかし「不忍池図」の鉢植えの複数種の花の描写は、こうした瓶花図とは趣が異なっており、享和十一年（1726年）に日本にもたらされた油彩画の写しである「ファン・ロイエン筆

図19　佐竹曙山「燕子花にナイフ図」
【秋田県指定文化財】
江戸時代　18世紀
秋田市立千秋美術館代美術館

図20　石川大浪・孟高「ファン・ロイエン筆花鳥図模写」
（秋田県指定文化財）寛政8年（1796年）
（賛）秋田県立近代美術館

花鳥図模写」（図20）に表現的に近い。模写を行った石川大浪・孟高兄弟は、蘭画の挿絵を模写した洋風画家として知られ、ここでも原画の油彩画の立体感の再現に努めているのが見て取れる。

　さて17世紀から18世紀にかけてのオランダでは、花卉（花束）専門の画家が多数おり、花の静物画はアムステルダムを中心に一大マーケットを築いていた。ファン・ロイエンの模写に見られる窓枠のようなモチーフ越しに風景の見える花卉図も、17世紀前半のオランダで最初に花の静物画に特化した画家、アンブロシウス・ボッサールト（1573-1621）の作例に

図21　アンブロシウス・ボッサールト《窓辺の花瓶の花》
1618年　ハーグ、マウリッツハイス美術館

見られるものだ（図21）。

　このような静物画が絵画の一ジャンルとして確立したのは一般的に17世紀以降とされるが、その萌芽はすでに15、16世紀のルネサンス期における宗教主題絵画の中に様々に見出すことができる。例として北方の画家ヒューホの祭壇画（図22）の中央の画面前面に描かれた陶製の薬壺と花瓶に活けられた百合、アイリス、オダマキなどの花々は、いずれも中央の聖母マリアやキリスト教神学と結びつく象徴である。こうした画面手前、鑑賞者の眼前に位置して描かれた花瓶の花は、画面中央の宗教主題の意味を補完し、また強調するものであった。それが16世紀にかけて画面から独立してゆき、ときに

図22　ヒューホ・ファン・デル・フース《ポルティナーリ祭壇画（部分）》
　　　1477-78年　フィレンツェ、ウフィッツィ美術館

空間を分割する隔たりの意味合いを持つ欄干やニッチ、窓枠などを伴って表された。先のボッサールトの静物画もそれに相当する。

　その後、東インド会社の設立で富をなしたオランダ共和国では、海外貿易で持ち込まれたチューリップなどのエキゾチックで珍しい植物や物品への関心が高まった。また1594年にはオランダ初の植物園がライデンに創立されるなどし、多くの人々が植物研究に携わり図譜も作成された。こうした多種多様な植物や、豪華な品を表現する「奢侈静物画」なるジャンルも現れる。とりわけ花卉画のスペクタクル化が進んだ17世紀後半になると、一つの花瓶の中に色とりどりの異なる季節の花々が混在し、咲き誇るように描かれた。これらの作品は、画家が個別の花を写生した成果として集合させる一方で、全

ての花弁が正面を向くなど、全体としてはフィクションとして描かれたのだ。

このように、当時のオランダにおいて静物画や風景画が隆盛した背景には、宗教的理由ならびに貿易による商業的成功があった。またそのオランダが17世紀にプロテスタント国家として独立したことは重要である。質素倹約を重んじたその倫理に反する豪華な表現には、虚栄のイメージやヴァニタス（生の儚さ）が同居してもいた。花の盛りはやがて終わり、瑞々しく透明な露は命の儚さを象徴する。蠅などの虫たちがこの後に訪れる腐敗を予兆するモチーフとして添えられた。

いずれにせよこうした花卉画の隆盛の背景に、本物らしく描くこと、つまり江戸と同様、博物誌的な関心が当時のヨーロッパにおいて頂点に達していたことはとくに重要である。「彼が描いた果物に、鳥もだまされた」という逸話のある古代ギリシャの画家ゼウクシスに匹敵せんとばかりに、画家たちに花や陶磁器やガラスなどの器の細部描写や質感表現に腕をふるった。よって静物画というジャンルは、こうした写実の妙技を発揮する格好の場であったのだ。

それを端的に示すのが、花に止まった虫の密（ひそ）やかかつ精密な描写であろう。これは上記古代の逸話に基づく画家の技量を示す典型であった。ここでふたたび「不忍池図」の芍薬の蕾の細部を観察すると、蟻の姿が数匹捉えられる（図23、図18部分）。同様の蟻の細部描写はオランダ人画家ヤン・ファン・ハイスム（1682-1749）の花卉画（図24、25）にも見られる。秋田蘭画派が影響を受けた中国、宋・元時代の花鳥画にも類

図23　図18部分

図24　図26部分

図25　ヤン・ファン・ハイスム
《花瓶の花（部分）》
1722年　ロサンゼルス、ポール・ゲッティ美術館

似の表現は存在する。だが、ファン・ロイエン模写の事例があることからも、舶載品に同様作例が存在し、目にすることがあった可能性は皆無とはいえないだろう。

　先に細部を例示したハイスムの作品（図26）の画面構成にも着目しよう。前景の花卉と後景の風景の組み合わせについ

図26　ヤン・ファン・ハイスム《壺の中の花束》
1724年　ロサンゼルス、カウンティ美術館

ては、オランダ人の果物と花卉専門の画家ヤン・ファン・オス（1744-1808）のテラコッタ製の壺と花の図や、このハイスムの作品に同様の描写が多数見出せる。

　そしてこのハイスムの花瓶を表した静物画作品と「不忍池図」の構図の類似は、管見の限り河野氏（2022）が最初に言及したものであったが、とりわけ、このカウンティ美術館所蔵

の作品（1724年）には共通する点が多い。左側に見える生い茂った木立のある場所を背に、石板のような場所にテラコッタ製とみられる花器が置かれ、背後には遠く霞がかった風景が広がっている。こうした画面全体の構図や非対称性、花々と淡彩の風景の組み合わせには、「不忍池図」と共通する要素を見出せるように思われる。人物のいる古代風のレリーフをあしらった花器も、東南アジア製と指摘されている直武作品の植木鉢に、質感において近しいようにも見える。

　実際に、ハイスムの作品は花の静物画として国際的な人気を博したという。しかし画家自身は、アムステルダムを出ることなく活動したために、作品のほとんどは輸出によって国外へと渡っていたようだ。このように、こうした油彩画を参照源とみなすための実証は難しいものの、オランダ静物画の作例は、植木鉢の花々と風景の鋭い対照性を見せる「不忍池図」とパラレルな関係性にあるように感じられる。このように本図は、異なる季節が画中に存在していること、また鉢植えの土部分の露呈がこの角度では現実には見えない点を考慮しても、様々なモチーフを画中に組み合わせ、巧みに架空の空間を構成しているように見える。いわば直武がこれまで摂取してきた西洋画法や文物、構図の集大成であるといえよう。

　ところで、静物画の起源を遡るならば、一世紀頃の古代ローマでは個人の邸宅の壁に本物らしい静物や食べ物の絵を描き、それらは「クセニア」と呼ばれていたことが知られる。これはもともとギリシャ語で「贈り物」を意味し、客へのもてなしを絵にしたものだったという。

先述したように、「不忍池図」にはその制作動機として、島津家の婚儀を祝うための上級武士層への贈答品であったという見方がある。また、紅白の芍薬は男女の祝言を表現し、蕾は子孫繁栄を意味すると指摘する研究者もいる。ここで想像を逞しくするならば、植木鉢の大輪の芍薬は、遠い時代のクセニアのように、作品を観る者が贈り主の心や気遣いを感じ取れるものであったのかもしれない。

　ここまで西洋美術史的な視座から、秋田蘭画作品の持つ特長と共通項について述べてきた。ここでは、直接の影響関係を示すものではないにせよ、西洋絵画の長い伝統を持つ表現との関わりが看取された。もちろん彼らがこれらの背景まで知り得た可能性はない。とはいえ、西洋画法の特徴について研究を重ね、積極的に自らの芸術に取り込んだ軌跡は、写生によって描かれた素描帖の粉本や附図から本画となって確実に残されている。このように源流もふまえて比較してみると、直武らの真摯な西洋へのまなざし、そして西洋画への意識の先鋭さがあらためて浮かびあがる。そこには西洋の文物を通じ、まったく新しい、東西が融合した作品を創り出そうとする、類い稀なる熱意が伝わってくるのである。

　秋田蘭画とは、豊かな秋田や縁（ゆかり）の土地の風物を、鋭い前衛思考のもとで描き出した、きわめて先駆的な試みであった。鎖国下であったことを考えれば、彼らの制作活動はいっそう際立つだろう。こうした新たな試みが、約250年も前の秋田の若者たちによって創り出されていたという事実に多くの方々が今後も目を向けていくことを願う。

[附記]

　貴重画像資料の使用について秋田県立近代美術館、秋田市立千秋美術館の御高配を賜りました。また調査にあたり千秋美術館学芸員奈良祥子氏ならびに松尾ゆか氏に貴重なご助言を頂きました。ここに記して御礼申し上げます。

主な引用・参考文献　＊近年の邦語文献中心

アンソニー・グラフトン著、森雅彦・石澤靖典・足達薫・佐々木千佳訳（2012）『アルベルティ―イタリア・ルネサンスの構築者』白水社

『秋田蘭画とその時代展』（2007）（展覧会図録、秋田市立千秋美術館）

アンドルー・ペティグリー著、桑木野幸司訳（2015）『印刷という革命　ルネサンスの本と日常』白水社

池上俊一監修（2021）『原典　イタリア・ルネサンス芸術論〈上巻〉』名古屋大学出版会

今橋理子（2009）『秋田蘭画の近代　小田野直武「不忍池図」を読む』東京大学出版

ヴィクトル・Ｉ・ストイキツァ著、岡田温司・松原知生訳（2001）『絵画の自意識　初期近代におけるタブローの誕生』ありな書房

内山淳一（2021）「小田野直武筆「不忍池図」について―表現内容と制作目的の再検討―」（『宮城學院女子大學研究論文集』133号）

エリカ・ラングミュア著、高橋裕子訳（2004）『静物画』八坂書房

エルンスト・Ｈ・ゴンブリッチ著、二見史郎・谷川渥・横山勝彦訳（1988）「西欧の静物画における伝統と表現」（『棒馬考』勁草書房）

尾崎彰宏（2021）『静物画のスペクタクル　オランダ美術にみる鑑賞者・物質性・脱領域』三元社

勝盛典子（2011）『近世異国趣味美術の史的研究』臨川書店

河野元昭（2022）「随想　秋田蘭画の花と鳥」（『江戸絵画　京都江戸の美』思文閣出版）

『西洋の青―プルシアンブルーをめぐって』（2007）（展覧会図録、神戸市立博

物館）

『世界に挑んだ7年―小田野直武と秋田蘭画』（2016）（展覧会図録、サントリー美術館）

武塙林太郎（1989）『画集　秋田蘭画』秋田魁新報社

成瀬不二雄（2005）『佐竹曙山―画ノ用タルヤ似タルヲ貴フ』ミネルヴァ書房

仲町啓子（1999）「日本近世美術における文人趣味の研究・二―小田野直武筆『不忍池図』盆花図の流行―」（『実践女子大学美学美術史』第14号）

西野嘉章（1997）「医学解剖と美術教育」（『学問のアルケオロジー―学問の過去・現在・未来〈第一部〉（東京大学コレクション）』東京大学出版会）

平福百穂（1930）『日本洋画曙光』岩波書店（岩波文庫、2011年）

山本丈志（2010）「秋田蘭画をめぐる、未着手の文化的背景」（『国際日本学』第8巻）

吉本英之（2018）「曙山の二重螺旋階段図の起源：画像の系譜学に向けて」（『東京学国語大学総合文化研究所 総合文化研究』第22号）

Column コラム3

映画鑑賞環境の変化

辻野　稔哉

　地域学基礎の秋田の映画文化について学ぶ講座では、映画鑑賞をめぐる秋田の状況を、日本全体の中で捉えることも重要な要素だと考えている。

　日本全体の映画鑑賞の現状を捉える資料として、毎年1月に発表される日本映画製作者連盟（映連）の「日本映画産業統計」が、まず基本的な資料となる。この資料では、映画館への入場者、興行収入、公開本数、映画館数などの概況と共に、前年に公開された映画の内、10億円以上の興行収入を上げた作品の順位も邦画・洋画別にそれぞれ発表される。映連のHPでは過去のデータも公開されている為、例えば興行収入について、2020年、21年はコロナ禍の為に大きく減っていたものの、22年には史上最高の興収を上げた2019年度の8割程度に回復して来ている事なども分かる。

　一方、授業では、『キネマ旬報』や『映画芸術』といった映画専門誌のベストテンランキング、あるいは各種映画コンクールなどの受賞結果も参照することにしている。そこで分かるのは、映画評論・批評家やシネフィルと呼ばれる様な映画愛好家などが評価する映画と、興行成績上位の映画はあまり重ならないという事実である。勿論、それは作品の質やターゲット設定の違いという面が大きいが、映画鑑賞という視点から考えた場合、公開規模の問題がある。制作された映画に大手の配給会社がつかなかった場合、優れた作品であっても公開される映画館が限られ、興行成績に結びつかない場合が多い。そもそも、日本で公開される映画の内、毎年およそ半数近くの映画はミニシアターと呼ばれる映画館でしか公開されていない（2022年は44%※）。ミニシアターとは、「大手映画制作・配給会社の直接

アウトクロップ・シネマ外観

「秋田エキマエ野外上映会」(2023年8月)

Column コラム 3

の影響下にない独立した経営を行い、単独ないしは数館による公開を前提とした作品を中心に番組編成を行う小規模劇場、映画館および名画座」と定義される映画館である※。かつては秋田市にもシアター・プレイタウン、シネマ・パレというミニシアターが存在していたが、前者は2012年、後者は2017年にそれぞれ閉館した（コラム1参照）。以来、高い興収を誇る「メジャー」な映画は見られるが、映画専門誌のベストテンに推されるような作品はしばしば秋田市では見ることができず、学生には「マイナー」な映画だと捉えられてしまう。だが、それらは本当に「マイナー」な映画なのだろうか。2023年の9月1ヶ月間に公開された映画を似たような状況にある秋田と盛岡で比較したところ、それぞれ46本、52本と数字的にはそれほどの差はないが、秋田でやっていなかった作品は、近年のカンヌ国際映画祭のコンペティション部門に選出された作品であったり、人気や評価が高かった過去作のリバイバルであったりする。こうした作品は、確かに興収的には規模の小さいものであろうが、決して「マイナー」な映画ではない。現状、秋田においては、映画館で映画を見る際の選択肢が少ない、と捉えるのが妥当であろう。確かに近年では、映画館より配信などで映画を鑑賞する機会が多いことは間違いない。ただ、日常生活に様々な話題を提供するものとして映画を捉えるならば、それを公に発信する場から多様性が失われていることに、もう少し危機感を感じても良いのではないか。

　このような問題は、勿論秋田に限ったことではない。そのため全国各地でミニシアターの存在が改めて注目されている。「鶴岡まちなかキネマ」や「豊岡劇場」といったコロナ禍で閉館した映画館がいずれも23年になって復活を遂げているし、映画監督の安藤桃子が代表を務める高知の「Kinema M」も独自の路線で活動を再開している。また、22年の火災によって全焼した九州小倉の老舗映画館「小倉昭

和館」が、多くの映画ファンの後押しを得て2023年末に「再生」を果したことは、この年の大きな話題であった。

　県内に目を戻すと、2014年にミニシアターとして復活した大館市の「御成座」がまもなく10周年を迎えようとしている。その幅広い作品選択と柔軟な企画運営は、全国的にも注目されている。そして、21年には秋田市に「アウトクロップ・シネマ」が誕生し、現在は月一本のペースとは言え、映画ファン交流の場として着実に成長して来ている。2022年、2023年と2年連続して行われた8月の「秋田エキマエ野外上映会」も好評で、秋田の夏の風物詩となって行くことを期待したい。また、映画鑑賞の場としては、横手市十文字町の「あきた十文字映画祭」もコロナ禍の中断を乗り越えて再開された。映画ファンにとっては、第一線で活躍する監督や俳優たちとも交流しながら映画を鑑賞できる貴重な機会であり、雪深い十文字の風景と映画を心ゆくまで楽しめる映画祭とあって、毎年遠方からの来場者も多い。

　本授業で秋田の映画館の歴史を調べたり、県内の映画館へインタビューを行ったことをきっかけとして、映画祭ボランティア活動に参加している学生も少なくない。また、卒業研究の対象作品に映画を選択する学生も多い。とは言え、秋田市の映画鑑賞環境に影響を及ぼすには至っていない。まずは、学生達が足元の状況を知り、広く全国のあるいは世界の状況を知って、繋げていく価値のある映画文化を体感し、細々とではあってもこれを担う主体が我々自身にあることを実感できるよう、授業をさらに充実させて行きたい。

※一般財団法人コミュニティシネマ『映画上映活動年鑑：2022』より

第4章 秋田の近代化

イザベラ・バードの異文化体験

佐藤　猛・内田　昌功

英国女性の日本旅行

　近年のグローバル化を背景として、秋田の歴史を世界史の中で理解する必要性が日に日に増している。特に、日本が世界との結びつきを強めた明治時代以降に注目すると、イザベラ・バードの秋田訪問の意義や背景は現在においてこそ考察の価値がある。

　バードは1831年、英国のイングランドに生まれ、1904年スコットランドにて死去している。その生涯はおおむねヴィクトリア女王（位1837〜1901年）の治世と重なる。それは、英国がインドをはじめ世界各地に植民地を広げ、歴史上「世界の工場」や「大英帝国」と呼ばれる時代である。

　その最中の1878年、バードは日本を旅行し、現在の秋田県も訪れている。その頃、日本は黒船来航と開国を経て明治維新から11年目を迎えようとしていた。バードはこの前後にも世界各地を旅行しているが、彼女にとって「秋田」はどのように見え、彼女はそこでいかなる異文化体験をしたのだろうか。

　本章ではこの問題を、バード自身が記した『日本奥地紀行』（ジョン・マレー社、1880年刊）の記述にもとづいて考えてみたい。秋田県仙北市に拠点を置く劇団わらび座が2022年春、

その記述を基にミュージカル「レディ・トラベラー」を上演したことは記憶に新しい。原書の英文タイトルを直訳すると、『日本における未踏の地：蝦夷の原住民と日光、伊勢の諸寺院訪問を含む内地旅行の報告』である。本書については、これまでいくつかの日本語訳が出版されているが、ここでは地理学者・金坂清則の『完訳　日本奥地紀行』全4巻（平凡社、2012〜2013）を用いる。

　以下、これを引用・参照した時には（『完訳』巻数、頁数）と示す。引用文内の（　）は原書の中の補足、［　］は金坂による補足、〈　〉は筆者による補足である。なお、バードの記録では日付に誤記や混乱が見られるが、金坂による注釈にしたがった。

内地そして秋田へ

　中学の歴史教科書に日米修好通商条約が出てきたのを覚えているだろうか。1858年、江戸幕府は箱館・神奈川・長崎・新潟・兵庫を貿易港として開いた。以来、外国人はこの五つの開港場と東京・大阪に設けられた開市場から半径10里、つまり約40kmの範囲内において自由に移動することができた。

　これより内側の地は「内地」と呼ばれ、欧米諸国では"Interior"と英訳された。それは『日本奥地紀行』の原書タイトルの直訳にある「内地」であり、そこはバード自身にとって「未踏の地」であった。当時、外国人がここを旅行するには、外務省から「外国人内地旅行免状」を取得する必要があった。免状には旅行中の経路や期間が明記され、外国人の移動は厳しく管理さ

れた（『完訳』1、367-368）。それでは、なぜバードはこの「内地」を旅したのだろうか。

　彼女の旅の目的については、様々な学説が唱えられている。それは、当時の英国における海外旅行の流行から上流階級の女性による余暇の活用、あるいは、バードの背骨付近にあった腫瘍の除去手術後の療養のためなど、多岐にわたる。これに対して本章では、前述の金坂が提唱するキリスト教伝道のための視察説を取りたい（金坂2014）。

　世界各地で植民地建設を進めた当時の英国では、日本の植民地化についても検討されていた。東京の英国公使館、特に公使ハリー・パークス（在任1865～1883年）はその可能性を探る人物として、バードに眼を向けた。彼女の北米やオセアニアでの旅行経験とともに、その文筆力に期待を寄せたのである。バード自身も記す通り、彼女はパークスの尽力により通常の「旅行免状」ではなく、「事実上何の制限もない旅行免状」（『完訳』1、118）を取得することができた。

　こうしてバードの旅は英国公使館の肝煎りで始まった。1878年5月20日に横浜港に到着後、6月10日に伊藤という通訳を伴って東京の公使館を発った。その後、日光、新潟、山形などを経て、7月18日に雄勝峠を越えて秋田に入り、翌日には横手に宿泊している。22日から25日の4日間は、当時「久保田」と呼ばれた秋田市に滞在した。その後北上し、26日以降は大雨の中、米代川本流・支流の洪水に遭遇している。30日に大館を出て、31日に県境を越えて碇ケ関、8月7日に青森、翌8日には北海道の函館に至る。その後、一度東京に戻り、

秋田におけるイザベラ・バードの行程

伊勢と京都に向かった。地図にはバードが現在の秋田県で立ち寄った主要地点を示している。

　バードの秋田における異文化体験を考えるにあたり、『日本奥地紀行』が「内地旅行の報告」として書かれたことは重要である。それは、日本におけるキリスト教伝道の可能性を検討するための情報提供という性格を持つと考えられる。バードはこれを、英国に残る妹ヘンリエッタに宛てた手紙という体裁で執筆した。そのように書くことで、英国公使や政府要人が読むかもしれない報告書としての目的が隠されたとも考えられる。それゆえ、その記述は、明治初期のありのままの秋田を示すものではないことには要注意である。

第4章　秋田の近代化―イザベラ・バードの異文化体験―　103

何よりも、この記録は宮本（2014）も強調する通り、外国人つまり普段は日本や秋田で生活していない者によって書かれている。見慣れていると見過ごしてしまうような事柄が、バードにとっては奇異に感じられたり、また新鮮に映り、称賛されたりしている。これらの点を念頭に置きながら、バードが出会った異文化をその旅と同様に秋田の南部から北部の順で、人間から自然へという順で考えてみたい。

プライバシーへの侵入

　バードは東京を出発して以来、各地の現地住民から様々な反応で迎えられた。秋田においては、現地住民が宿に滞在するバードを物珍しく見物し、時に殺到したことが記録されている。

　1878年7月18日、最初の宿泊地となったのは院内（現在のJR院内駅の南東で、当時は下院内村）である。バードはその宿で「四六時中盗み見され」（『完訳』2、117）、県北では豊岡（現在の山本郡三種町豊岡金田）において「住民全員」により「朝食をとっている間じゅう、じろじろ見られた」（同、178）と書き残している。

　「四六時中」や「住民全員」といった表現は、妹への手紙という体裁を意識しての誇張であろう。とはいえ、バード来訪に対して現地住民が高い関心を示したことは間違いない。彼女は、このうち院内の人々の関心の高さの理由について、自分が「外国人であり外国人特有の珍しい風習をもつだけでなく、ゴム製の風呂と空気枕、とりわけ真っ白の蚊帳を持っていたから

104　秋田を学ぶ～文化と歴史～

である」(『完訳』2、117) と記している。つまり、現地の人々
は西洋の物を見たかったのだという理解である。

むろん、そうした理由があったことは確かだろうが、あく
までそれはバードの考察の結果あるいは感触にすぎない。そ
もそも、当時の秋田の人々が外国人を見ることはほとんどな
かったと考えられる。そのことは、他ならぬバード自身が無
意識のうちに書き残している。例えば、県南では湯沢、県北
では前述の豊岡の住民が、この機会を逃したら外国人を二度
と見ることができないと発言したことが伝えられている。

こうした当時の秋田の状況を念頭に置いて、住民たちの反
応をさらに具体的に読み解いてみよう。バードは7月19日に
院内を発って、馬に手こずりながらも横手にたどり着いた。
その途中、湯沢において、「駄馬と車夫による人と物資の輸送」
(『完訳』1、190)を担う内国通運継立所に立ち寄った。そこで、
昼食を取っていた時のことである。

> 何百人もの群衆が門のところに集まってきた。後ろの方にい
> る者は私の姿が見えないので梯子を持ってきて隣の建物の屋
> 根に上った。ところがその屋根の一つが大きな音をたてて崩
> れ落ちてしまい、五〇人ほどの男女と子供が下の部屋に落下
> してしまった。(『完訳』2、121)

ここでも「何百人」という表現には誇張が含まれていると
考えられるが、その後、ちょっとした騒ぎとなった。現地の
巡査が来て、彼女に旅行免状の提示を求めた。彼女は「まる

でこの事故の責任が私にあるかのようだった」(『完訳』2、121)
と不快感をつづっている。巡査は免状と旅の理由を聞くとす
ぐに帰っていったが、「群衆」の気持ちは収まらなかったよう
である。

　　先ほどよりも大勢の群衆が再び集まってきた。内国通運会社
　　継立所の社員が出て行ってくだされと頼むと、こんな見もの
　　は二度と見られませんだ！と口々に叫んだ。(『完訳』2、121)

　この湯沢での騒ぎは極端な事例だったとしても、当時の秋
田社会に外国人が訪れた時の興奮や好奇心が、現在の私たち
の想像を超えるものであったことを伝えてくれる。そして、
バードはこうした現地住民の反応を訪問地のほとんどすべて
について記録している。しかし、彼女は旅の途中、東京や横
浜以外では、しばしばこれと似た反応に遭遇したと考えられ
る。素朴に考えると慣れなかったのだろうか。
　こうした疑問を念頭に、秋田に関する記録を読み直すと、
神宮寺(現在の大仙市神宮寺)における次の出来事に注目で
きる。バードは7月20日に横手を発つと、渡し船と人力車で
その日のうちに神宮寺に至り、そこで2泊した。宿では、「四〇
人[〈通訳の〉伊藤によると一〇〇人]」の男女と子どもが障子
を3枚も外して、部屋の中を覗いた。

　　これまで戸外での群衆とその好奇心についてはすべて辛抱強
　　く耐えてきたし、微笑みさえもしてきた。だが、このような

侵入は堪え難かった。伊藤はたいへん嫌がったが、私は伊藤を警察に遣った。宿の主人はできないというので、彼らを警察の手で宿から追い出そうとしたのである。(『完訳』2、134)

　この記述には、バードの怒りともいえる感情がにじみ出ている。部屋や食事の様子を覗き見されることは以前からもあり、それは繰り返されてきたが、障子まで外されたことに彼女は衝撃を受けた。彼女自身はこれを「侵入」と記したが、おそらくは私的な空間に踏み込まれ、これを"侵害"されたことに耐えられなかったのであろう。

　ここから考えると、バードが現地住民の反応を逐一記したのは、こうしたプライベートな領域に関する英国との感覚の違いを痛感したからに違いない。この直後、彼女は久保田へと向かった。

久保田でのもてなしと気遣い

　1878年7月22日、バードは神宮寺にて船に乗り、雄物川を北上した。その日のうちに雄物川から旭川に入り、久保田に達した。その7年前、久保田は「秋田」と改名され、6年前には県都となっていた。バード滞在の翌年、明治12年の時点で人口は3万1千人強だったとされる(『完訳』2、352)。だが、彼女は『日本奥地紀行』において「久保田」の呼び名を使い続けているため、本章でもこれを用いる。

　バードは同月25日まで、3泊4日にわたり久保田に滞在し、精力的な施設訪問を行った。この期間だけで、「師範学校」「絹

雄物川から旭川へ

織物工場」「警察本署」「秋田病院」を訪問している。「絹織物工場」は現在のJR秋田駅の南側で明田地下道の付近に、また他の3施設は同駅西側で現在の秋田市中通地区に位置した。『日本奥地紀行』においては、これらの施設について本国の施設とも比較しながら説明されており、訪問見学が「視察」として行われたことをうかがわせる。

　これらの施設は当時、秋田だけでなく日本社会全体が西欧から学び、導入していた"近代的"な施設といえる。これに加えて、バードは滞在中、日本の"伝統的"な文化にも触れた。秋田病院を見学した24日午後、結婚式に招待客として出席している。これは宿の主人が段取り、その妻がバードに衣装を貸した。英国公使館からの協力要請が当時「県令」と呼ばれた秋田県の長官を通して宿の主人に伝えられたと推測される。

　4日間の調査の中で、バードは「プライバシーを確保でき

る家に住んで家庭生活を営んでいる中流階級らしきものの存在」(『完訳』2、137)を確認し、「どの日本の町よりも久保田が気に入っている」(同、145)とさえ書き残した。こうして、先に怒りを覚えたプライバシーの問題を含めて、バードが高く評価した久保田においても、外国人との接触となると当時はほぼ皆無に等しかった。

　7月23日、バードは絹織物工場を訪問した後、ある商店で練乳を購入し、味見した際、あまりの人の多さに困惑した。そのことについて、警察署長が宿の主人を介してお詫びを伝えている。バードが記す警察署長の言葉を信じるならば、久保田の住民が外国人、特に婦人を目にすることは「これまでまったくなかった」(『完訳』2、144)。

　そうした中、バードは結婚式に出席したのと同じ7月24日の午後、大人10名と少年2名からなる住民の来訪を受け入れている。彼らは熨斗昆布の入った菓子箱を持って、蚊帳と折り畳み式ベッドを見たいといって訪れた。そして、バードとの挨拶が交わされた後、次のようなやり取りがなされた。

　　すると彼らの方が私をもてなそうとし始めた。この時彼らが
　　私のところにやってきた本当の目的は、一人の「神童」を見
　　せるためだということがわかった。わずか四歳のこの子供は、
　　…中略… 教えもしないのに読み書きができるように、また
　　詩が作れるようになったという。父親が言うには、まったく
　　遊ばず、何事であれまったく成人のようにわかるのだという。
　　何か書いてくれますかと頼まないことには納まりがつかない

ように思われたので、私はそうした。すると、おごそかな実演が繰り広げられた。まず、畳敷きの部屋の真ん中に赤い毛氈が敷かれ、その上に漆塗りの硯箱が置かれた。するとこの子供は、硯の上で墨を摺り、長さが五フィート［一・五メートル］ある巻紙を四枚拡げ、その紙にしっかりとして優雅な筆遣いで漢字をしたためた。(『完訳』2、154-155)

　ヨーロッパと日本あるいは英国と秋田という異文化間の接触について、ここから何が読み取れるだろうか。繰り返しとなるが、バードはこの文章を妹ヘンリエッタへの手紙として書いている。そこでは、妹が楽しめるような表現や言い回しがあえて用いられたと推測できる。さらに、彼女が日本の文化を体験するのは初めてであり、今日私たちが文献やインターネットで得ることができるほどまでには、日本についての知識を持っていなかっただろう。

　こうした『日本奥地紀行』の歴史資料としての性格を踏まえると、引用文の向こう側には、どのようなやり取りが浮かび上がるだろうか。一読したところ、バードが非常に珍しく、奇異とさえいえる場に遭遇したとの印象を受ける。「本当の目的」「神童」「おごそかな実演」などの表現がそうした印象を与える。しかし、そこで行われたのは、4歳の少年による習字である。時期は7月なので書初めではないが、少年が条幅の半紙に漢字を書き、その文字を記憶していた、ということである。

　バードはこの少年を「神童」(原文：infant prodigy) と表現

しているが、これを文字通りに解してよいのだろうか。バードは毛筆による習字について文献などで知っていただろうが、実際に書く場面を見たことはなかったと思われる。これを妹に面白く、また日本文化の特徴として伝えることを想定して、「実演」にいたるやり取りをやや誇張して書いたと考えた方が妥当であろう。

　こうした記録者としてのバードの驚きや戸惑いを踏まえた上で、今度は、久保田の人々の意図を考えてみたい。彼らは「本当の目的」といえるほど、少年の習字を見せたかったわけでも、これが世界的に珍しいと考えていたわけでもないだろう。そして、この少年を「神童」とまで考えていたとは断定できない。おそらくは、貴重なお客様に日本の伝統文化の一つを紹介したいというほどの気持ちだったのではないだろうか。その意味では、バードも記している通り「もてなそうと」しただけであろう。

　その上で彼女は「何か書いてくれますか」と頼んでいる。そうしないと「納まりがつかないように思われた」からである。つまり、その場がしらけると考えた。バードは日本のしかも"未踏の地"の文化に接して戸惑いつつも、相手を気遣い、あえて現代風にいえば"空気を読んで"この言葉を発したのだろう。彼女の記述の向こう側に浮かんでくるやり取りからは、明治初期の秋田に外来文化が到来した際の衝撃や緊張感を読み取ることができる。

　それから、2024年現在で150年近くが経とうとしている。現在、大半の秋田県民は海外からの旅行者はもちろん、外国

人居住者を見ても驚かないであろう。県では、海外からの移住者が安心して暮らせるための施策も進行中である（「あきた国際化推進プログラム（令和4～7年度）」（秋田県企画振興部国際課）など）。当時の秋田人の"もてなし"とバードの"気遣い"は、秋田県が今後、多文化共生社会を実現していく上で振り返るべき原点としての価値を持つと思われる。

米代川の水害

　2023年7月中旬、秋田県は記録的な豪雨に見舞われた。秋田市では太平川や新城川が氾濫した他、内水氾濫も加わり、広い範囲が冠水した。濁水の中で孤島と化した秋田駅の光景は筆者も初めて見るものだった。報道によれば、被害は昭和以降で最悪のものになったという。

　秋田はこれまでも繰り返し豪雨被害にあってきた。昭和以降だけでも、数年に1回の頻度で大小の水害が発生している。昭和47年（1972年）の米代川水害などは記憶されている方も多いのではないだろうか。しかし大正期より以前については、記録が少ない上に、経験した人も少なくなり、その実態はつかみづらいところがある。明治初期やそれ以前となるとなおさらである。高度な防災の設備も仕組みもない当時、水害はどのようなものだったのだろうか。また人々はどのように身を守り、水害と向き合っていたのだろうか。

　バードの『日本奥地紀行』は、このような問題を考える上で貴重な情報を多く含んでいる。1878年7月、バードは秋田県北部を旅行中、すさまじい豪雨に遭遇する。彼女が現地で聞

いたところでは、「こんなひどい季節［梅雨］はここ三〇年間なかった」（『完訳』2、179）といい、彼女自身も「とてつもない雨また雨だった」（同）と述べるほどの豪雨だった。彼女は旅行者として日々の天候や、街道・渡し場の状況、沿道で見聞きした被害や人々の行動について、詳細かつ生々しく記録に残している。以下、バードの記述によりながら、この年、つまり明治11年の米代川水害について考えてみたい。

　バードは7月18日に山形県から院内に入り、羽州街道を北上して7月22日には久保田に到着している。この間、天候は悪くなく、神宮寺から久保田まで雄物川を船で下っているが、問題なく移動している。7月25日、バードは久保田を発ち、羽州街道を北上する。この日はちょうど土崎の祭の日で、豪華な曳山や露店・見世物小屋などを見学した。天候は快晴で太平山の美しい山容も見ることができた。

　しかし翌26日、蛇川（現在の潟上市飯田川下蛇川）を出発するあたりから天候は崩れる。以降、27日・小繋→28日〜29日・大館→30日・白沢→31日・青森県碇ヶ関と移動するが、その間の天候は、『日本奥地紀行』によれば、以下の通りである（大館から白沢にかけてバードの記述に混乱が見られ、筆者の推測を含む）。

　　　26日（蛇川→豊岡）　：朝方は霧雨。その後本降りとなり、
　　　　　　　　　　　　　　　16時間降り続く。
　　　27日（豊岡→小繋）　：「滝のような雨」が降り続く。
　　　28日（小繋→大館）　：「土砂降りの雨」が一日中降り続く。

29日（大館）	：「土砂降り」の雨が降り続く。
30日（大館→白沢）	：朝、晴天。その後、再び雨になる。
31日（白沢→碇ヶ関）	：小雨、午後、矢立峠から本降りになる。
1日（碇ヶ関）	：豪雨。
2日（碇ヶ関）	：晴天。

　26日以降、激烈な豪雨がこの地を襲ったことを知ることができよう。バードによれば一時を除き、「六日と五晩の間、雨は上がらなかった」（『完訳』2、201）という。8月1日の碇ヶ関での雨は、「赤道上で一度、ほんの数分だけ出会ったことがあるような激しい降り」（同）だったといい、それが何時間も降り続くという、バードにとってはこれまで経験したことのない豪雨だった。

　連日の豪雨により交通は甚大な影響を受ける。羽州街道はいたるところで冠水してぬかるみと化す。当初の計画よりもだいぶ遅れていたバードは、その中を徒歩や騎乗により強行して進んだ。図はバードがスケッチした移動中の自身の姿である。頭には菅笠をかぶり、蓑を羽織り、さらに油紙の雨合羽も着用したが、それでも豪雨の中で全身びしょ濡れになりながらの移動だった。

　当時、米代川本流には上流を除き橋はなく、多くの渡し場が設けられていた。バードは羽州街道の重要な渡し場である切石（現在の能代市二ツ井町切石）から船に乗り、5kmほど上流の小繋（現在の能代市二ツ井町小繋）まで移動している。現在も国道7号線と奥羽本線は、切石付近で米代川を渡ってお

バードが歩いた羽州街道（小繋付近）

Unbeaten Tracks in Japan, Bird, 2015, p. 176.

り、今に至るまで重要な渡河地点となっている。この時、米代川の幅は増水により「四〇〇ヤード［三七〇メートル］」（『完訳』2、183）まで広がっていたという。増水のため役場は渡し舟に停止命令を出していたが、先を急ぐ一行は船を見つけて4時間かけて小繋へと移動する。その際、水難事故を間近で目撃している。

　私は、上流の対岸に見える小屋付きの大きな舟を長い間じっと眺めていた。一〇人の男たちが死に物狂いで棹を操っていた。半マイルほどの距離に近づいた時、船頭は流れに負けて

第4章　秋田の近代化―イザベラ・バードの異文化体験―　115

しまい、舟は一瞬のうちに旋回し、方向の定まらぬまま荒々
しく川を横切る形になり、私たちの舟に横方向からぶつかり
そうに流れ下ってきた。私たちの舟も流れに抗えないし、す
ぐ左手には大木が何本も立っていたから、その舟が私たちの
舟にぶつかり木っ端微塵にされるのではという思いが頭をよ
ぎった。…中略… その舟は私たちの舟から二フィート〔六〇
センチ〕もないところまで流れて来た時、一本の木にぶつか
って跳ね返った。すると、その舟の船頭は一本の杭をつかみ、
それに太綱を巻き付け八人が、一人を残してその太綱にしが
みついた。その途端その綱はプツッと切れてしまい、七人は
後方に放り出され、舳先にいた一人は水中に没し姿が見えな
くなってしまった。(『完訳』2、184)

　現場は、米代川と支流の藤琴川が合流するあたりで、米代
川の河道がＵの字に大きく曲がる場所である。増水や流れの
速さに加え、地形の要因もあり、舟の操作が難しかったのか
もしれない。流された人々の安否は不明である。
　増水した米代川は、各地で氾濫する。現在の能代市二ツ井
町富根あたりでは、「増水したこの大きな川は、海に近い側
では辺り一面に広がってしまっていた」(『完訳』2、182)と
いう。また大館付近で米代川に合流する下内川も氾濫により
「それまで一つだった川の流れはところどころで網状に」(同、
193)なり、あたりには流されてきた礫や流木が散乱してい
たという。当時はまだ、明治政府による築堤工事が本格化す
る前であり、豪雨が発生すれば容易に氾濫が起きた。

引用した水難事故の起きた場所付近

　交通も深刻な影響を受ける。バードは羽州街道を進むが、道はいたるところで冠水し、ぬかるみ、通行に支障が生じていた。小繋から大館に向かう街道は、ほとんど通行不能の状態で、騎乗していた馬が5回も転んだという。また大館から北上する道はさらにひどく、白沢（現在の大館市白沢）付近では街道は跡形もなくなっており、下内川の渡し場に降りるには鶴嘴（つるはし）で道を作らなければならなかった。

　当時、米代川の支流では政府の街道整備方針のもと、木造の橋の架設が進められていた。しかしこれらの橋も多くが豪雨により流失してしまう。綴子（つづれこ）（現在の北秋田市綴子）・大館間の米代川支流の橋まで、さらに大館・白沢間の下内川の橋はすべて流されてしまったという。白沢以北も同様で、下内川、平川の橋の大部分が流失する。

　農林業の被害も甚大だった。県境の矢立峠（やたて）周辺では、山が

崩れたり、大量の材木が流失したりするなど、林業で生計を立てる人々にとっては大きな被害があった。また米代川やその支流の流域では、各地で田畑が冠水した。『花矢・大館地方史』（田山久（1967））によれば、「大洪水長走村では耕地4町歩川欠作合不良7分の作、このため米価1石5円〜5円25銭〜7円まで高騰する」とあり、大館北部では洪水による不作のため、米価が高騰したという。こうした米の不作は、多かれ少なかれ洪水被害を受けた全域で発生しただろう。

日常の一部としての水害

　ではこのような深刻な水害の中で、人々はどのような行動をとっていたのだろうか。多くの集落が洪水被害を受け、家屋には浸水があった。住民は土嚢で畳への浸水を防いだり、豪雨の合間に堆積物を片づけたり、堤防を修築するなどの対応をしている。また神に救済を祈る者もいた。しかしバードの記述による限り、これ以外は特別なことはなく、日常の生活を淡々と送っているように思われる。

　交通が遮断され、陸の孤島と化した碇ヶ関では、久しぶりに雨が上がった8月2日、早くも子どもたちは凧あげを楽しんでいる。村人たちも家から出てきてそれを見物した。この光景を見たバードの述懐は印象的である。

　　人々は橋が壊れる時に固唾を呑んで見つめそのことを受け入れていたのと同様、この手に汗握る競技の時も黙って静かに見つめていた。（『完訳』2、213）

凧あげをする子どもやそれを見物する村人からは深刻な災害の最中にあるという緊張感や悲壮感は感じられない。それはバードが述べるように災害を受け入れているからであろう。

　旅人も同様である。街道や橋が被害を受け、米代川の渡し場には禁足令も出ている状況で、無理に進もうとする者はなかった。そのため大館の宿屋は足止めになった旅人で満員だった。宿では二晩とも旅人の酒宴が開かれ、三味線の音が鳴りやまなかったといい、ここからも災害の緊張感は感じられない。むしろ移動を強行するバードたちの方が異常であり、彼女の記述にしたがえば、住民たちはバードの移動を「狂気の沙汰」(『完訳』2、188)として眺めていたという。

　こうした人々の行動の背景には、災害に対する考え方が関係しているように思われる。米代川流域の人々にとって、水害はそれほど珍しいことではなかった。明治11年のような大規模な水害は多くないにしても、小さいものも含めれば、数年に1回の頻度で起きていた。そんな具合なので、日ごろから物質面・精神面での備えはできていたのだろう。人々にとって水害は非常事態ではなく、日常の一部だったように思われる。あるいは人力ではどうすることもできない災害は、日常の一部として受け入れるしかなかったというのがより正しいかもしれない。

　バードは、豪雨の中を移動する際に、折に触れて景観の美しさについて述べている。最後にバードが特に称賛する矢立峠の景観について一瞥したい。

私には日本で見てきたどの峠にもましてこの峠がすばらしいと思われた。光り輝く青空の下でもう一度見たいとさえ思ったことだった。この峠を見ていると［アルプスの］ブリューニッヒ峠の一番素敵な部分や、ロッキー山脈の峠のいくつかが彷彿されたが、木々のすばらしさにおいては、ここがはるかに勝っていた。この峠はただ一つ孤立して堂々とそびえ、暗く荘厳である。そして船の帆柱のように真っすぐに伸びた杉の巨木の尖った先端は、光を求めはるかな高みに向かって伸びていた。(『完訳』2、203-204)

　矢立峠の景観の中でバードが特に称賛するのは秋田杉の美しさである。矢立峠をアルプス山脈やロッキー山脈の美しい峠と比肩させつつ、木々の美しさでは矢立峠がはるかに勝っていたとしている。良質な杉の生育には豊富な降水量が必要であり、豪雨同様、秋田杉もまたこの地域の自然と気候が生み出したものである。

　バードにとっては、ここで経験したような豪雨は初めてのものだったし、秋田杉は他で見たことのない美しい樹木だった。それだけに驚きをもって記録に残したのだろう。秋田に住んでいると見落としが

矢立峠の秋田杉

ちだが、『日本奥地紀行』はこの地域の独特な自然や文化についても改めて気づかせてくれる。

主な引用・参考文献

〈史料〉

イザベラ・バード著；金坂清則訳注（2012～2013）『完訳 日本奥地紀行』（1・2・3・4）平凡社

イザベラ・バード著；金坂清則訳（2013）『新訳 日本奥地紀行』平凡社

イザベラ・バード著；高梨健吉訳（2000）『日本奥地紀行』平凡社

Isabella L 1831-1904 Bird（2015）*Unbeaten Tracks in Japan; an Account of Travels in the Interior Including Visits to the Aborigines of Yezo and the Shrine of Nikkô*, Sagwan Press.

〈二次文献〉

伊藤孝博（2010）『イザベラ・バード紀行—『日本奥地紀行』の謎を読む』無明舎出版

金坂清則（2014）『イザベラ・バードと日本の旅』平凡社

田山久（1967）『花矢・大館地方史』花矢町教育委員会

長野太郎（2019）「イザベラ・バードの『日本奥地紀行』（1880）における文明化と伝道へのまなざし」（『清泉女子大学キリスト教文化研究所年報』第27号、p. 1-24.）

平凡社編（1980）『秋田県の地名』平凡社

宮本常一（2014）『イザベラ・バードの旅：『日本奥地紀行』を読む』講談社

渡部景一編（1984）『秋田市歴史地図』無明舎

〈参考資料〉

「あきた国際化推進プログラム（令和4～7年度）」（発行／令和3年4月　秋田県企画振興部国際課）

〔付記〕「英国女性の日本旅行」から「久保田でのもてなしと気遣い」までを佐藤が、「米代川の水害」から「日常の一部としての水害」までを内田が執筆した。

Column コラム 4

「あきたの食」から「ヨーロッパ文化の新発見」まで

石井　照久

　2012年度スタートした地域学基礎「あきたの食」講座は、石井照久・山名裕子・宮野素子・立花希一によって担当されてきたが、2018年度からは同講座を石井照久・佐々木千佳が担当している。ヨーロッパの美と文化に詳しい佐々木千佳が加わっていたので、2021年度からは「ヨーロッパと秋田の接点を美や食からみつめる」という講座名に変更した。すなわち、メインのテーマである「食」に、「ヨーロッパ文化と美」の要素を追加したわけである。

　本講座は学生と教員の活動だけにとどまらず、学内や学外の方々のご協力のもとに実施できている。本講座では、講座のメインテーマを学生に提示し、具体的には、なににどのように取り組むかを学生に考えてもらっている。研究テーマを考えることは重要であること、学生の発想による研究テーマはすばらしいものが多いからである。12年間の取り組みのなかで、印象的なものをご紹介したい。

　2014年度、学生が考えたテーマは「秋田県産100％のラーメン作りは可能か」であった。まず県内での調査から、秋田県産小麦粉のみを用いた麺でラーメンを提供している店は見つからなかった。また、県産小麦粉を入手するのはとても困難であったが、学生は積極的に活動し、JA大潟村さんにご協力いただき秋田県産の小麦「ネバリゴシ」を1kg入手した。そのネバリゴシにしょっつると鶏卵を加え、麺を作成した。スープには比内地鶏・しょっつる・ネギ・醤油を用い、ネギ、ハタハタのブリコと男鹿のとろとろワカメをトッピングの具とした。すべて秋田県産を用いて、目的のラーメンを自分たちで完成させた。私も試食したが、とても美味しかった。このラーメン作りの様子をクックパッドでも公開した（クックパッド情報；『秋田県

122　秋田を学ぶ〜文化と歴史〜

産100％ラーメン』(http://cookpad.com/recipe/2903986))。

　次に、ちょっと手を加えることで秋田ならではのラーメンに変身できるメニューを考案し、秋田大学生協手形食堂に提案した。提案した17のメニューのうち「ねばとろラーメン」(醤油ベースのスープを使い、トッピングにジュンサイ・とんぶり・長芋・ネギを使用している)が実際に採用され、手形食堂で、2015年の5月11日と12日の2日間限定で販売された。この様子は新聞にもとりあげられ、また地元のニュース番組でも報道された。

　2016年度は「あきたならではの新しい軽食・おみやげの開発と商品化を目指して」というテーマのもと、学生は、ドーナッツ、パイ、野菜プリン、味噌汁プリン、蒸しケーキなどの試作と試食をかさね、秋田市内のお菓子製造販売店に打診し、考案したメニューの商品化の交渉を行ったが、うまくいかなかった。

　開発したハンバーガーについては、秋田市内のパン屋「アンシャンテ」さんが協力してくださって商品化を達成した。「オールあきた枝豆バーガー」は、秋田県産の牛肉パテに枝豆ペーストをいれてある。また、バンズにも枝豆が入っている。枝豆は秋田県産の「香り五葉」を使った。

　アンシャンテさんは、天然酵母を用いたパンでもともと有名なお店であり、とてもやさしいご夫婦が経営している。ハンバーガーのアイデアをアンシャンテさんに打診をしたところ、学生さんの手助けになればと快諾してくれた。そして、採算を度外視して商品化してくださったので、本当に感謝している。

　販売初日(2017年3月25日)には、学生数名と私でお店を訪れたところ、とても盛況であった。また、このハンバーガーは新聞にもとりあげられた。ボリュームたっぷりなこと、枝豆がかおること、なにしろパンがおいしいことなどが相まって、とても美味しいハンバー

Column コラム 4

ガーであった。期間限定販売だったので、もう味わうことができないのは寂しい限りである。

2021年度は、秋田のなかにあるヨーロッパを見出すことを主眼にして調査活動を行った。具体的には、秋田蘭画・藤田嗣治・樺細工・曲げわっぱ・ガラス工芸・銀線細工・西洋建築・カヌレ専門店・ジェラート専門店などのヨーロッパ文化について調査を行いながら、秋田のなかのヨーロッパ文化を肌で感じていった。

2022年度は、秋田県内のヨーロッパ文化を紹介するためにPDFフリーペーパー「welt」を作成した。タイトル、表紙デザイン、レイアウト、写真など、すべて学生が担当したフリーペーパー「welt」は秋田大学教育文化学部のホームページ（https://galagala.tv/akita-u.ac.jp/kyoiku/kyoiku/html/edu_life/li_results.html）に掲載されており、いまなお、秋田のなかでヨーロッパ文化を新発見できる手がかりとなっている。タイトルはドイツ語で世界を意味している。きれいな表紙デザインやマップデザインも学生の手作りである。学生のセンスのよさと技量には、目を見張ってしまった。PDFファイルを発行するにあたって、掲載許可もきちんと取材先から得ており、指導していて頼もしかった。「welt」では、ガラス工芸、建築物、ヨーロッパ人、パン店、スイーツ店などを紹介しているので、ぜひ、一読してほしい。そして、後輩たちがその後も秋田のなかのヨーロッパ文化を発信すべく、2023年度の活動についてまとめ、これを2号として1号と同じサイトに掲載済である。

これまで、あきた・ヨーロッパ・食・美・文化をキーワードに行ってきた活動では、前述以外にも多くの新規のメニュー・イベントを学生自身が考案し、その都度、関係機関（商工会議所・市役所など）に提案してきた。その多くがモノにならなかったが、学生たちは活動を通してたくさんのことを学ぶことができている。そして、本講

座を通じてなにより秋田を新発見しているのは、学生はもちろん指導している教員たち、特に石井である。本講座を担当していてとても楽しいのである。皆様もぜひ、あきたのヨーロッパ文化に視線を。

仏蘭西菓子　La France

秋田に根付いた洋菓子店

　秋田市広面にある「仏蘭西菓子　La France」に伺った。創業 1998 年であるこの洋菓子店は地元に愛され、20 年以上となった。オーナーパティシエの小林さんは、お店が長続きするのは地域の方々に支えされているからと答えた。秋田は人口減少が進み、洋菓子店を継ぐ人も減ってきている。これからもお店を続けていくには、お客さんのニーズに合わせて臨機応変に対応していくことが必要になる。

モットーは美味しさ＝食べやすさ

このモットーの「食べやすさ」とは、後味が良くクリームが口の中に残らないケーキのことを指している。良い材料を使ったケーキは香りもよく、スーっとなくなる。それが食べやすいケーキであり、食べた時の幸福感につながる。

↑（左）フルーツアラモード　¥460＋税
　（右）みんなのモンブラン　¥440＋税

日本人に合わせた味覚のケーキ

La France では、ケーキを日本人の味覚に合わせて作っている。フランス菓子は甘く作られているため、紅茶やコーヒーと一緒に楽しむものだとされている。日本では、洋菓子を甘さ控えめにし、クリームを軽くするという工夫が凝らされている。

洋菓子から見る秋田の魅力

秋田の地酒を使ったお菓子作りを 10 年ほど前から始めたそうだ。洋菓子店では、そのお店オリジナルの商品を作ることで、お客さんにお店に行くきっかけを作ってもらうことができる。La France では、秋田の酒蔵と連携して、酒粕を提供してもらったり、応援してもらったりして秋田の地酒を使ったお菓子を開発した。秋田は自然に恵まれているので、綺麗な水で美味しい地酒を作ることができ、それを利用して美味しいお菓子を作ることができることが秋田の魅力である。

↑完熟イチジクタルト　¥480＋税
※完熟イチジクタルトは秋限定商品

仏蘭西菓子　La France（ラ・フランス）
【定休日】木曜日
【営業時間】9:30～19:00
【住所】〒010-0041　秋田県秋田市広面字樋ノ下 13-2
【アクセス】JR 秋田駅から車で約 5 分・広面郵便局の近く
【TEL】018-831-7666

2022 年度の講座において仏蘭西菓子 La France さんの協力を得て、清野早紀子さんが作成。商品と価格は 2024 年 6 月時点のものに修正している。

第5章 秋田の伝説

田村麻呂伝説の変貌

志立　正知

昔話と伝説

　昔話と伝説、似ているようでこの二つには大きな違いがある。

　「むかしむかし、あるところに、おじいさんとおばあさんが…」のようなスタイルで語られるのが昔話。この語り方には、時代が特定されない、場所が特定されない、という大きな特徴がある。一方伝説は、特定の場所に結びつき、登場人物については歴史的に実在する人物との関連があり、時代についても〇〇天皇の御宇など特定される場合が少なくない。つまり、地域の歴史と深く結びつき、地域のアイデンティティ形成に大きな影響を与えているのが伝説なのである。

　たとえば、秋田県南部雄勝地方に伝わる小野小町伝説。小野小町は『古今和歌集』仮名序にも登場する9世紀中頃の実在の女流歌人である。伝説によれば雄勝の郡司小野良実の娘で、父と共に都に上り宮中に仕え、晩年は故郷雄勝に戻り隠棲したという。横堀駅周辺には、彼女に由来した史蹟が数多く遺されている。

　こうした伝説については、まず歴史的事件があって、それが地域で語り伝えられた結果として伝説が誕生した、という考え方が根強く、逆に伝説の向こう側には史書には記録され

なかった史実があるはずと幻想される場合も少なくなかった。
しかし、近年の研究においては、そうした思い込みを排して、
伝説の形成過程やその背景を客観的資料に基づいて明らかに
しようとする動きが活発になっている。たとえば、錦仁『小
町伝説の誕生』(角川選書、2004.7) は、秋田の小野小町伝説
の形成過程を解き明かした先駆的な研究成果である。

　こうした動向を踏まえて、本章では秋田の田村麻呂伝説を
対象に、伝説が創り出されるメカニズムについて考えてみた
いと思う。

秋田の田村麻呂伝説

　秋田県内の各地には、坂上田村麻呂に関する伝説が数多く
遺されている。たとえば『羽後の伝説』(木崎和廣編、第一法
規、1976.7) には、雄物川の河口付近である秋田市新屋の「も
もさだ (百三段)」(新屋海浜公園から秋田公立美術大学付近に
かけて) の地名をめぐって、次のような由来伝説が記されて
いる。(以下、ルビは筆者による)

　　坂上田村麿将軍蝦夷征討の折に、河辺の女米木嶽にいた蝦夷
　　の首長夜叉鬼が、男鹿に逃げたので、将軍の軍勢がこれを追
　　って新屋まできたが、雄物川に船がなくて渡ることができず、
　　柴百三駄を集めて筏を作って、ようやく渡ることができたと
　　いう。この後、新屋を百三段といい、この渡しを柴の渡とい
　　うようになった。

第5章　秋田の伝説―田村麻呂伝説の変貌―　127

また、ここに登場する夜叉鬼については次のように記す。

昔、高尾山に夜叉鬼という鬼が住んでいた。白石善五郎という郷族の娘、米子を妻にして、大滝丸という子をもうけた。この頃、坂上田村麿の征伐があって夜叉鬼も討たれる。夜叉鬼は、大滝丸を抱えて男鹿の山に飛んで逃げた。この時の足場というのが、今でも沼地になって残っている。米子は人間だったので飛ぶこともできず、流矢に当って死んだという。米子の血が山路を赤く染めたので、この地を赤坂という。戦いの際、飛び出す夜叉鬼を田村麿が射た矢は、鷹の尾の羽で作られていた。それで、この山を鷹尾山といい、現在は高尾山となった。

田村麻呂創建ないし再興という由来を伝える神社仏閣も、県内には少なからず見受けられる。18世紀前半、江戸中期（享保～寛保頃）に成立した『秋田六郡三十三観音巡礼記』（新秋田叢書第三巻所収）は、秋田における田村麻呂伝説を記した資料としては比較的初期のものであるが、田村麻呂による創建ないし中興という寺社として、真昼山大権現（美郷町）、峯吉川村高寺高善寺（大仙市）、寺内村亀甲山古四王堂（秋田市）、石名坂村高倉山龍泉寺（秋田市）の4つを挙げる。

　また、江戸後期の『秋田風土記』（淀川盛品編、文化12年〔1815〕）は、古四王神社周辺に残る田村麻呂伝説を次のように記す。

　　古四王権現社　創建ハ人皇三十四代推古天皇六年戊午の秋、
　　　聖徳太子の開基、同五十代桓武天皇延暦年中田村将軍東夷
　　　征伐して後勅願に依て再興す。

「秋田街道絵巻」〔伝　荻津勝孝〕（上巻・古四王神社部分）　秋田市立千秋美術館

両津八幡社　…其後天皇五十代桓武天皇御宇延暦年中奥州羽
州戦ひ乱る。阿倍黒縄当社を仰ぎ、同十二年癸酉再興、同
廿一年壬午征夷将軍坂の上田村麿下向の砌、八幡の社近く
へ城を築く。御身の丈ケ一寸二歩の像袋に入安置し玉ふ。

幣切山　宮より亥の方五丁斗りにあり。田村丸古四王宮へ祈
誓をなし、夷敵退治の後此山にて幣を切、心信の神社勧請
ありし所也。

　この古四王神社については、元禄年中に東門院（秋田城の
付属寺院「四天王寺」の後身といわれ、江戸時代には領主・
佐竹氏の祈願所「宝鏡寺」の隠居寺とされた）から藩へと奉
納されたと伝えられる『古四王社縁起』（『古四王神社考』〔新
秋田叢書第三巻所収〕所載）に、将軍に任じられ三年の間陸
奥・出羽で苦戦した田村麻呂が、聖徳太子の聖慮を感得して
帷幄中で秋田城四天王寺に祈誓したところ勝利を得、これを
再興した旨が記されている。

　同書には、このほか秋田市牛島の三皇神社についても、次
のような伝説が記されている。

三光社　柳原に有。古社也。田村丸阿仁大滝丸征伐の祈願に
より建立有。則御順見所也。世俗三光稲荷と云。此所に田
村道と云あり。

　古四王神社の由来では、敵対する夷賊の名は明確に記され
ていなかったが、こちらでは「阿仁大滝丸」という名称が登

三皇熊野神社本宮

場している。「大滝丸」は、女米木の田村麻呂伝説では夜叉鬼と米子の間に生れた息子の名でもあった。はたしてこの「大滝丸」とはどのような存在なのであろうか。

歴史の中の坂上田村麻呂

　坂上田村麻呂は平安初期の武人・政治家である。官位は正三位大納言兼右近衛大将兵部卿に至った。ことに桓武天皇のもとで二度にわたり征夷大将軍を勤めて征夷に功績を残したことはよく知られている。延暦20年（801）に節刀を賜って陸奥へ下向し、翌年胆沢城を造営、蝦夷の首長アテルイ（阿弖利為）とモレ（母礼）を降伏させたことは『日本記略』に抜粋された『日本後紀』の記事などによってよく知られている（彼等を連れて帰京した田村麻呂は、公卿会議で二人の助命を主張するが、朝廷は二人を処刑してしまう）。

延暦22年（803）、田村麻呂は志波城造営のために再び陸奥国へと派遣された。陸奥国に胆沢城と志波城を築いたこともあり、翌延暦23年（804）、桓武朝第四次蝦夷征討が計画されると、田村麻呂は征夷大将軍に任命されるが、出征の準備を進めながら在京中の坂上田村麻呂は、造西寺長官を兼務、桓武天皇の巡幸の際の行宮の地を定める使者として和泉国と摂津国に派遣されるなど、都での活動が多忙となり、「征夷大将軍従三位行近衛中将兼造西寺長官陸奥出羽按察使陸奥守勲二等」の肩書きを持ちながらも、陸奥に下向することはなかったようである。翌延暦24年（805）、48歳で参議に就任、以後田村麻呂は中央貴族として活躍をしていく。

　一方、出羽に目を向けてみると、阿倍比羅夫が船軍180隻を率いて蝦夷を討ち、飽田・渟代二郡の蝦夷を降伏させたのは斉明天皇4年（658）、秋田市高清水に出羽国府の出先機関である秋田城が築かれたのは天平5年（733）であった。つまり田村麻呂の胆沢城造営よりも70年近く前に秋田はすでに朝廷の支配下に入っており、田村麻呂が遠征をしなければならない状況になかった。したがって、東夷征伐のために軍を進めた田村麻呂が寺社を創建・再興という秋田の伝説に、背景となる史実があったとは考えにくい。

『清水寺縁起』から『田村三代記』へ

　田村麻呂の伝説化は、清水寺創建にまつわる伝説と結びついて平安期から展開されてきた。

　平安後期の儒者藤原明衡作と伝えられる『清水寺縁起』（11

世紀中頃成立）には、宝亀9年（778）に山城国愛宕郡八坂郷東山の勝地に至った僧延鎮が、修行者行叡に出会って霊異を感得し、狩猟の途中で水を求めてきた坂上田村麻呂の帰依を得、その助力を得て延暦17年（798）十一面観音像を造って仮宝殿に安置したのが清水寺の起源であると記されている。

　以後、田村麻呂の伝説は、この清水寺創建譚と東夷征伐が結びついた観音・毘沙門の霊験譚としての性格を帯びることになる。たとえば鎌倉末期に成立した『元亨釈書』（虎関師錬編、元亨2年〔1322〕成立）には、延鎮の助力により「将軍地蔵」「毘沙門」の加護を得た田村麻呂が、「奥州逆賊高丸」を追討する物語が記されている。

　注目すべきは、田村麻呂に追討される夷敵の名前である。『日本記略』などに記されていたのはアテルイおよびモレだった。これが、鎌倉幕府の史書『吾妻鏡』（鎌倉後期成立）の文治5年（1189）9月28日条では、奥州藤原氏追討を終え鎌倉に戻る途中に達谷窟に立ち寄った源頼朝が、「田村麿、利仁将軍が勅命で蝦夷を征したとき、賊主である悪路王や赤頭らが砦を構えていた岩屋（是田村麿利仁等將軍、奉綸命征夷之時、賊主悪路王并赤頭等構塞之岩屋也）」との説明を受けたと記される。一方、14世紀になると、「奥州逆賊高丸」（『元亨釈書』）、「東夷安倍高丸」「安倍氏悪事の高丸」（『諏訪大明神絵詞』正平11年〔1356〕成立）など、「高丸」という名称が登場するようになる。室町期になると、「高丸」の名は、「あくじの高丸」（『義経記』）、「奥州外浜ノ達谷窟ノ悪事ノ高丸」（『神明鏡』）など様々な文献に登場するようになり、御伽草子『田村草子』や『鈴鹿

草子』では「高丸」のほか「悪路王（阿黒王）」「大嶽丸（大丈丸・大竹丸）」など多様化して、近世初頭には奥浄瑠璃『田村三代記』へと受継がれていく（＊奥浄瑠璃…近世東北地方において盲法師や巫覡の徒（修験・巫女・陰陽師）によって語られた物語）。

　『田村三代記』は、田村麻呂の悪王退治という英雄的事蹟を三代にわたって語るものである。隕鉄から生れた田村利春と大蛇の化身である美女との間に生れた利光（幼名大蛇丸）による悪龍退治と奥州の反乱鎮圧、その息子田村麻呂利仁（幼名千熊丸）による鈴鹿山の妖女立烏帽子の追討、降伏した彼女（じつは天竺の第四天魔王の娘）を娶り、その協力を得た田村麻呂による近江国の悪者高丸および奥州の大嶽丸の追討の物語が、延々と展開されていく。そして、語り物（芸能者による語り芸として上演・享受された物語）『田村三代記』の流行こそが、東北各地に残る田村麻呂伝説を生み出していく大きな要因となったと、阿部幹男『東北の田村語り』（三弥井書店、2004.1）は指摘する。

　先に引いた秋田市牛島の三皇神社や、女米木・高尾山の伝説に登場する「大滝丸」の名も、おそらくは「高丸（タカマル）」→「大高丸（オオタカマル）」→「大嶽丸（オオタケマル）」→「大滝丸（オオタキマル）」のようにして派生した呼称のひとつなのであろう。

女米木・高尾山の田村麻呂伝説

　先に引いた百三段の地名伝説や女米木の伝説に登場した

「大滝丸」が、『田村三代記』の流れを汲む賊主の名であるとするならば、女米木・高尾山の田村麻呂伝説に登場した「夜叉鬼」には、どのような由来があるのだろうか。

じつは、女米木・高尾山の夜叉鬼・大滝丸追討の伝説が資料に現れるのは比較的新しい。これを収めた最初の資料は、管見の限りでは地誌『羽陰温故誌』(全32冊、第三期新秋田叢書〔歴史図書社〕所収)である。編者は土崎出身の近藤源八、同書の解題によれば、自序に記された明治16年(1883)7月から明治36年頃まで20年余の歳月を費やして編纂されたという。

その第14冊「河辺郡之部」女米木村の項には次のように記されている。

　　按スルニ里俗ノ談ニ、女米木嶽ハ往古賊首大滝丸ノ楯籠リシ処ナルヲ、田村将軍ニ攻落サレ太平山嶽へ逃込シヲ、又モ追討サレ阿仁山中へ逃入リタリト云へ、男鹿嶋へ遁レタルヲ討取タリト云。

また、『高尾山権現縁起』なる一書を引く。

　　人皇四十九代、光仁天皇之御宇、宝亀元庚戌年峯之竜頭大権現ヲ峯ヨリ村近ク奉迁、峯ハ大木ニテ三里四方ノ間日ノ目モ不見得、其頃此村ニ白石善五郎ト云ふ者有。其娘米子ト称ス女アリ。其丈ケ六尺六寸有、竜頭之峯ニ住居セリ。当所ノ人民ニ度々障礙ヲナス事実ノ鬼女ナリ。仍乃該魔ヲ降伏センガ

第5章　秋田の伝説―田村麻呂伝説の変貌―　135

高尾山（奥の院）の鳥居

里宮の大杉（田村麻呂手植という）

為、湯殿山ニ座ス弘法大師ヘ右之趣仰願スル所、大師承諾ア
リテ、延暦十三戊年四月八日ニ保量権現ヲ竜頭之峯ニ奉勧請
処、鬼女住カネ、人民ニ見当ル事毎度ナリ。仍大同元丙戊年、
坂上田村将軍荒川村に御陣被遊、保量権現ノ峯ヲ一鑑被遊、
則右峯ニ御出アラセラレ、当時紀平太夫保量権現ノ峯ヘ登、
訳柄ヲ奉申上、則御多勢取巻キ、遂ニ右鬼女ヲ討留メ、仍テ
霊山為鎮守ト高尾山権現ト奉祭云々トアリ。

そして、田村麻呂による追討の詳細を次のように記す。

○古老ノ曰ク、比丘ハ白石ト呼ヒテ山中絶勝ノ一ナリ。今ハ
往昔此ノ山ニ鬼神住ミケルニ、田村将軍ト申カ退治シ玉ヒ
ケル頃、茲ニ白石善五郎ト云ヘルカ、笹ノ家ヲ構ヒテ住ヒ
タリシヨリ、其跡カク今ニ残リテ、白石ト呼ハルヽニコソ
ト云。

抑人皇五十代桓武天皇ノ御宇頃ハ、延暦年中田村麿蝦夷征
討ノ挙アリ。途次ニ之レヲ討滅セントシ玉ヘシハ、実ニ近
クノ覚ユル『高尾山縁起』ト云アリ。山嶺鎮守社ノ起源ニ
ツキテ、其事ヲ鬼神ニシ荒唐無稽ニ失スル事、甚タシキハ
後人好奇ノ輩ノシワサニモアランカシ。村人カ鬼神トシ云
伝ヒシハ、我国北辺ヨリ浮浪シ来タレル蝦夷種族ニヤアリ
ケン。只状貌魁偉ニシテ、シカモ不逞ノ徒ナリシカハ、ヤ
カテ鬼神視シタルモノナラン。当時ハカヽル兇徒ノ党ヲ樹
テ所在ヲ剽掠シ、土民ノ患害ヲナシケルヨリ、郷士アリテ

一郷武衛ノ任ニ当リタルラシク、今尚何館ト呼ヒテ其跡残レルニソ知ラルヽ。大ニ其妄ヲケツリ傍ラ口碑ノサアル可ク思ハルヽ節ヲ加ヘ、一篇ヲ草シテ夜叉丸ト題シ、是レヲ左に記ス。

○保呂羽山寨之夜叉丸

桓武ノ朝延暦年間ノ事ナリケン。出羽国ニ大盗夜叉丸トナン呼ヘルアリケリ。何レノ人ナルヤヲ知ラス。年来諸国ニ漂泊シ到ル処剽掠ヲ事トシケルカ、遂ニ徒ヲ聚ムル事数十人、寨ヲ保呂羽山上ニ構ヒ、夜トナク日トナリ出没シテ、土民ヲ脳マス事カキリナカリキ。夜叉丸時歳二十八、躰幹長大ニシテ筋骨太ク逞マシク、精力絶倫能ク猛獣ト格闘ス。且ツ白哲ノ美丈夫ナリケレハ、其ノ徒悉ク畏服シヌ。…（後略）

全文はかなり長くなるので、以下概略を記す。

　桓武天皇の延暦年間に夜叉丸という盗賊の一味が出羽国保呂羽山を拠点として近郷を略奪していた。そこで村人たちが夜叉鬼たちを罠に掛けて追討を試みた。その結果、盗賊たちは保呂羽山を追われてちりぢりになり、夜叉丸は保呂羽山の北数里にある竜頭嶽に遁れてきた。

　そこに住む白石善五郎の娘米子が、盗賊とは知らず傷を負った夜叉丸を看病し、二人は懇ろになり、後には二人の間に大嶽丸（大滝丸）という男子も生れた。回復した夜叉丸は米子を連れて付近の山に潜み、元の配下を呼び寄せ再び略奪を働くようになる。困った村人たちは、東北蝦夷征討のために付近を訪れていた田村麻呂に討伐を懇願したので、田村麻呂は手勢を率いて夜叉丸一味を急襲、夜叉丸は大滝丸を脇に抱えて逃走、遺された米子は矢に射られて死亡、石匱に収められて山中に葬られた。白石善五郎は娘の死を嘆いて自害してしまった。

　諸国遍歴中に偶然この地を訪れた慈覚僧正が田村麻呂と謀り、竜頭嶽に一社を建立、放った矢が山に留まったところから山の名を鷹尾山と改め、鷹尾山大権現を村の鎮守とし、竜頭村の名を女米鬼村と改めた。

　後に夜叉丸が男鹿に逃れたとの報を受けて、田村麻呂が追討に向ったが、夜叉丸はそこをも逃れて行方知れずとなった。

じつは、女米木・高尾山の田村麻呂伝説を記した資料の初見は、『出羽国風土略記』（宝暦12年〔1762〕）である。編者秋田進藤重記は、秋田・山形の県境にある大物忌月山両所宮の神官であった。その巻八「河辺郡」に次のように記される。

　　女米木社　女米鬼村の山林の中に有。祭神詳ならず。古へは
　　三米鬼と書しとぞ。往古田村将軍蝦夷討伐の時屯して祭給
　　ふ社といふ。其辺に座主の山と云ふ有。古へは坊宿も数多
　　有けると云伝。

　ご覧の通り、ここには田村麻呂が蝦夷討伐に際して滞陣して祀った社とあるばかりで、夜叉鬼や大滝丸、米子といった具体的な名は記されていない。この点は、『秋田六郡三十三観音巡礼記』などと同様である。ところが『出羽国風土略記』から半世紀の後に編纂された『秋田風土記』には、田村麻呂とは全く異なる、百合若大臣による悪鬼辰黒王追討の物語が記されている。

　　縁起に曰、高尾山は元正天皇御宇霊亀元年百合若大臣の開基
　　なりといへども、年暦神代にくるふして、縁起粗虫喰のため
　　に亡失せり。抑々当山に名付る処の菊森を唱ふる来由は、霊
　　亀のむかし女女木辰黒王と云し悪鬼、此山の菊森にかくれて
　　人民をまどはすの処、百合若大臣遥に此地に下向し玉ひて福
　　館に陣を備へ、彼の悪鬼を求るといへども、或は古木にかく
　　れ草葉に臥して、其影かしこに飛行せり。故に我国の神霊天

140　秋田を学ぶ～文化と歴史～

運の擁護にあらずんばと、金峰山にのぼりて祈誓おとんど切なり。終夜此山に臥して丹誠を抽て怠ざるの処、忽西天より一むらの浮雲隠火を放つて草木忽然と炎のごとし。然るに二ツの悪鬼かしこに倒れこゝに臥して、其形谷中に顕然たり。大臣、神変の隠火を照らし、福館の本陣より白羽の矢をつがいて心に霊山の慈眼を祈る。弓箭の神妙によりてや、立所に悪鬼を亡し畢ぬ。而して大臣女々木辰黒王の骸を葬り、浮世の禍をまぬがれんと、自大般若一軸を写し玉ひて、菊森に悪鬼の骸を納め、上には盤石を敷て菩提の文を授け玉ひて、大臣しきりに当山の霊現妙なることを仰ぎ、翠丸と号し、寵愛の鷹を此山に放ちて永く霊山の霊鳥の名をおしみ玉へと云。今の世に至るまで矢館福館金峰山の霊跡、世の見る処、忽然とあらたなり。翠丸の霊鳥の名と当山霊験の高き事を思ひ、高尾山と号す。異鳥の名のみ残せるにもあらず。当山神木に諸羽をたるゝ白ふの鷹も翠丸の奇瑞にや、高尾山に相対す。
…

　百合若大臣とは、室町後期成立の幸若舞曲『百合若大臣』に登場する架空の英雄で、その愛鷹翠丸とともに古浄瑠璃や浄瑠璃を通して人気を博した。「悪鬼辰黒王」は、悪路王が居たという達谷窟（『吾妻鏡』）から連想された名前であろう。つまり19世紀初め頃の女米木・高尾山には、高尾山の名の由来として翠丸とその主人百合若大臣による悪鬼追討の伝説が伝えられていたことになる。ところが、これが19世紀末の『羽陰温故誌』になると、全く異なる田村麻呂による夜叉鬼・米子・

大滝丸追討の物語へと置き換えられているのである。

　じつは『羽陰温故誌』にも百合若大臣の伝説が記されている。

　　高尾神社ハ同村字高麗沢ニ鎮座ス。其祭神ハ不詳ト雖、其古
　　社タルハ世ノ普ク人ノ知ル処ナリ。其縁起焼失スルコト久シ。
　　里老ノ口碑ニ、当社ハ元正天皇多亀ノ始メ元年、百合若大臣
　　ノ開基ナリ。其ノ縁田ハ掻誕ナルモ古碑ヲ記ス。多亀ノ始三
　　月、鬼辰黒王ト云ヘル悪鬼当山ニ居テ人民ヲ害シ、百合若大
　　臣当国ニ下向シテ、福館ニ陣ス。悪鬼ヲ征セントス。…

　内容的には『秋田風土記』とほぼ同じであり、先に引いた
「按スルニ里俗ノ談ニ…」の一節は、この百合若大臣伝説の後
に記されている。ここから読み取れるのは、もともとは百合
若大臣・辰黒王伝説（縁起は亡失・焼失）が伝えられており、
その後半世紀余りの間に田村麻呂・夜叉鬼伝説が新たに加
わったという、伝説誕生の順序であろう。

新聞小説『夜叉丸』

　じつは『羽陰温故誌』に記載された田村麻呂による夜叉鬼
追討の物語（先に引いた「古老ノ曰ク」以下の本文）は、明治
27年5月25日から6月9日にかけて秋田魁新報に連載された
新聞小説『夜叉丸』とほぼ一致する。小説の作者は石井露月
（本名は祐治、明治6年〔1873〕～昭和3年〔1928〕）、女米木
出身の俳人である。幼い頃から俊英として注目され、明治26

年（1893）に文学を志して上京、新聞記者をしながら正岡子規に師事するが、翌27年には脚気を発病し帰郷して療養生活を送ることになる。『夜叉丸』は療養生活を送る中で執筆された。

　連載は、「はじめに」（6月25日）、「保呂羽山寨の夜叉丸（上中下）」（5月27・30・31日）、「龍頭岳の夜叉丸（一～四）」（6月2・5・7・8日）と続き、「龍頭岳の雑聞」（6月9日）で完結した。冒頭には、友人と郷里の山野を散策する中で里老に出会い、田村麻呂伝説の存在を聞かされ、村のある家に残された「高尾山縁起」（「山巓鎮守社の起源につきて、其家の祖の手録」らしきもの）を探し出し、その荒唐無稽な部分を改めて一編に草した旨が記されている。その『夜叉丸』が『羽陰温故誌』の記事とほぼ一致しているのである。

　『夜叉丸』が作者名を明記した新聞小説であることを考えるならば、露月が『羽陰温故誌』を盗用したとは考えにくい。近藤源八が『羽陰温故誌』編纂に取り組んだのが明治16年（1883）7月から明治36年（1903）頃、石井露月『夜叉丸』が秋田魁新報に連載されたのが明治27年（1894）5月であることを考えるならば、近藤源八が新聞連載後間もなくこの小説を『羽陰温故誌』に取り込んだと考えるのが妥当であろう。

　露月が参照したという『高尾山縁起』（先に引いた『高尾山権現縁起』とは別物であるらしい）の存在の実否については不明であるが、より古い百合若大臣伝説に縁起の亡失・焼失が記されている以上、実際にあったとしても、19世紀初め以降の成立と考えるのが妥当だろう。また、地元出身の露月が伝

説を知らず、古老の話を聞いてから縁起を探し出したとある
ことから、縁起または伝承が広く流布していたとも考えにく
い。

　なお、夜叉鬼の由来については、小説の中に手掛りがあり
そうだ。5月27日〜31日の「保呂羽山寨の夜叉丸」という題
が示すように、夜叉丸は保呂羽山を本拠としていた盗賊と
して設定されていた。じつは保呂羽山の「夜叉（夜刃）鬼」とは、
本来は「夜叉鬼権現」、保呂羽山に顕現し波宇志別神社に祀ら
れた地主神の名である。『奥羽永慶軍記』(戸部一憨斎〔正直〕、
元禄11年〔1698〕)巻十二「羽川義稙、山路に迷ふ事」には、
「究竟の強盗三十余名」を率いて楢岡の郷を襲撃した羽川義稙
が、追ってから逃れて一人山中をさまよう中で、「夜刃鬼権現」
に祈請したところ、樵夫の翁が出現して先導し、無事に羽川
に戻ることが出来たことが語られ、続く「保呂羽山権現縁起
の事」で、夜叉鬼権現の由来が記されている。

　「保呂羽山寨の夜叉丸」は、この盗賊・羽川義稙と夜叉鬼権
現の物語に想を得て、石井露月が創造した登場人物ではな
かったか。保呂羽山の地と盗賊・夜叉鬼という共通性は、偶
然と言うにはあまりにできすぎている。逆に、これほど作為
的に夜叉丸が設定されているところからすると、これが自然
発生的に誕生した伝説とは考えにくいだろう。

田村麻呂伝説の拡散

　さて、『羽陰温故誌』に記された夜叉丸伝説は、夜叉丸が息
子大滝丸を抱えて高尾山から逃走したことの結末を次のよう

に結ぶ。

　　夜叉丸男鹿ニアリト人ノ告クル者アリケレハ、将軍又立向ヘ
　　ケルニ、夜叉丸茲ヲ逐電して、其後行方ハ知レサリシトナ
　　ン。平太夫等ハ此行ニモ随ヘリト、彼レカ手録ノ『高尾山縁起』
　　ニ見得タリ（先に引いた『高尾山権現縁起』にはない記事）。
　　此記録ノ名ハ後人ノ物シタルナラン、云々。

　冒頭には「按スルニ里俗ノ談ニ、女米木嶽ハ往古賊首大滝
丸ノ楯籠リシ処ナルヲ、田村将軍ニ攻落サレ太平山嶽へ逃込
シヲ、又モ追討サレ阿仁山中へ逃入リタリト云へ、男鹿嶋へ
遁レタルヲ討取タリト云」とあった。ここでは賊徒「夜叉丸」
の名は消えて、「大滝丸」（『夜叉丸』では夜叉丸の息子）の名が
賊首として登場している。「大滝丸」は『田村三代記』などでお
馴染みの賊首であり、牛島の三皇神社の記事にも登場してい
た。こうして、田村麻呂伝説は賊首大滝丸追討の物語へと収
斂しつつ、関係する周辺地域へと拡大してゆく。
　たとえば、夜叉丸が逃げたという男鹿については、『羽陰
温故誌』第七冊「雄鹿全島之部・乙」は次のような伝説を記し
ている。

○**星辻神社**　湯本村ニアリ、昔ハ亀尾山妙見社ト称ス
　　祭神ハ天御中主尊ナリ、人皇五十代桓武天皇ノ御宇延暦年
　　中、坂上田村麻呂勅命ヲ奉シ官軍ヲ率シテ賊魁大滝丸ヲ征
　　伐セシ時ニ、賊勢猖獗ニシテ王命ヲ抗拒ス、田村麻呂乃チ

第5章　秋田の伝説―田村麻呂伝説の変貌―　145

賊徒ヲ降伐ノ祈願ヲナシ、遂ニ大滝丸ヲ窮討シテ雄鹿ニ至
　　リ之レヲ討滅セリ。

　また、女米木村の項で「村将軍ニ攻落サレ太平山嶽へ逃込
シヲ、又モ追討サレ阿仁山中へ逃入リタリト云へ、男鹿嶋へ
遁レタルヲ討取タリト云」と記されていた太平山にも、田村
麻呂中興という伝説が付け加えられてくる。『羽陰温故誌』第
九冊「南秋田郡之部」には次のように記されている。

　　太平山
　　祭神ハ少名彦名命。社格ハ県社ナリ。伝ヘテ云フ、白鳳二年
　　役ノ小角之草創スル所ニシテ、延暦二十年坂ノ上田村麿ノ中
　　興セシ祠ナリト云フ。

　ちなみに、19世紀初頭の『秋田風土記』段階では、男鹿の
湯本村の項にも、太平山の項にも田村麻呂の事蹟は記されて
いない。おそらくは、女米木で田村麻呂による夜叉鬼・大滝
丸追討の伝説が生れた結果、関連した地域にも田村麻呂の事
蹟が伝説として誕生したのであろう。

伝説とメディア

　『羽陰温故誌』に記された女米木の田村麻呂伝説は、伝説が
生れ流布していくひとつのメカニズムを考える上で示唆的で
ある。
　18世紀中頃の女米木・高尾山神社には、夷狄追討に訪れた

146　秋田を学ぶ〜文化と歴史〜

田村麻呂による神社建立の伝説があった（『出羽国風土略記』）。ところが、19世紀初め頃になると、これが百合若大臣による辰黒王追討の伝説へと置き換わっていく（『秋田風土記』）。百合若大臣の物語は、説経操りの演劇である「百合若大臣」（日暮小太夫の正本〔寛文2年（1662）刊行〕）や古浄瑠璃『百合若麿』（井上播磨掾の正本）などによって、各地へ流布していったが、このように流布した物語をベースとして、その土地固有の縁起・伝説が作られていくメカニズムについては、拙著『歴史を創った秋田藩―〈モノガタリ〉が生れるメカニズム―』（笠間書房、2009.1）でも論じたことがある。さらに19世紀末には再び田村麻呂による夜叉鬼追討の物語へと置き換わる。この転換のきっかけとなったのは、秋田魁新報に連載された石井露月の小説『夜叉鬼』であろう。発見した『高尾山縁起』をベースに書き起こしたというスタイルをとった小説が、新聞という当時最先端のマスメディアを媒体として多くの人々の目に触れた結果、既存の伝説の置き換えをもたらしたと考えられるのである。それは、今日において司馬遼太郎の歴史小説や大河ドラマが、後に史実であるかのような錯覚を生み出していることと類似している。そしてひとたび生れた伝説は、関連する周辺地域を巻き込んで、より広域へ拡散していくことになる。そして、これまでみたように、その過程では既存の伝説である田村麻呂による悪鬼大滝丸追討の物語との習合現象を引き起こしていくのである。

　もともと秋田各地には、田村麻呂による夷狄追討と、それに際して戦勝を祈願しての寺社建立という伝説が広がってい

た。『秋田六郡三十三観音巡礼記』や『古四王社縁起』の記事は、そうした初期の田村麻呂伝説の形態を示すものであろう。これが後には『田村三代記』の影響を受けて、田村麻呂による悪鬼大嶽丸（大丈丸・大滝丸）追討の物語へと変化しつつ、より多くの地域へと拡散していった。たとえば菅江真澄が残した『房住山昔物語』（菅江真澄全集第十一巻所収）に収められた二つの由来記でも、元和3年（1671）の奥書を持つ「梵字宇山興立ノ記」では阿計徒麿・阿計留丸・阿計志丸兄弟の怨霊鎮魂が創建の目的として長承2年（1133）崇徳院の御世に開基と記されていた。ところがそれよりも後代の成立とみられる「房住山昔物語」になると、田村麻呂による三兄弟追討の物語と置き換えられ、しかも三兄弟がそれぞれ一丈二～三尺（3m余）あったために、人々は彼等を大長丸（オオタケマル）と呼んだと記す。ここでも追討者不明の阿計徒丸兄弟が、田村麻呂によるオオタケマル追討の物語へと書き換えられているのである。

　奥浄瑠璃『田村三代記』は、放送やインターネットがなかった時代においては、近代のラジオドラマのような性格を有したのであろう。語り芸によって具体的な姿を持つ存在として、その活動が生き生きと語られることによって、人々の間に広く知られた田村麻呂の物語、これが漠然とした田村麻呂による夷狄追討に際し建立という寺社の縁起（由来）と結びつき、具体的な地名・人名を伴う伝説と化していく。牛島の三皇神社の伝説は、ひとつの典型的な例であろう。

　そしてこうした変貌は近代になってからも、新聞やラジオ、

テレビ、さらにはインターネットなどを媒介として流通する言説によって、さらに変貌をし続ける。女米木・高尾山の田村麻呂・夜叉鬼伝説は、その一例として考えることができるのである。

主要な引用・参考資料

〈原典資料〉

『秋田六郡三十三観音巡礼記』

『秋田風土記』

『羽陰温故誌』

木崎和廣編（1976）『羽後の伝説』第一法規

荒木博之（ほか）編（1985）『日本伝説大系』（第二巻）みずうみ書房

〈研究文献〉

錦仁（2004）『小野小町伝説の誕生』（角川選書）角川書店

阿部幹男（2004）『東北の田村語り』三弥井書店

志立正知（2009）『歴史を創った秋田藩―モノガタリが生れるメカニズム―』笠間書院

Column コラム5

ありふれた日常の風景から探る地域らしさ

羽田　朝子

　地域について考えるには、まずはその現状を把握することが必要である。そのためには、祭りや特産物など分かりやすい「秋田らしさ」のほか、ありふれた日常の風景の中に隠れている地域性を「発見する」ことが重要になってくる。地域学基礎では、そうした観点から、学生と野外観察を行ってきた。

　野外観察というと気楽な町歩きのように聞こえるが、いったん調査地に足を踏み入れると、景観の全方位から膨大な情報が押し寄せてくる。その中から「地域らしさ」を発見するのは意外に難しい。しかし注意深く観察すると、人々の生活がありありと見えてくることもあるし、景観に埋め込まれた歴史に気づかされることもあるのだ。

　たとえば秋田の多くの住宅には玄関先にサンルームのような風除室が設けられ、風の吹きつけや外気の流入を防いでいるほか、敷地内に大型の石油タンクが設置されている。このことから、この地域

根子集落内に設置された消火栓
（冬期の雪に備え、屋根が付けられている）

が風の強い寒冷地にあり、冬期に多くの暖房器具の使用が不可欠であることが分かる。とくに積雪が多い地域では、急勾配の屋根や高床式の構造をもつ住宅が多く見られる。また海沿いの集落では、海風を防ぐための背の高い木柵が住宅の海側に巡らされ、屋根には錆に強い瓦が用いられている。

　住宅の庭にも地域性があり、農業が盛んな集落では各住宅に広い庭があり、家庭菜園のほか、柿や栗など大型の果樹が植えられ、秋には軒先に干し柿がつり下げられている。一方、新興住宅地の庭は狭く、観賞用の花木や植木鉢が置かれるなど、生活を彩るものが多い。

　看板や貼り紙も重要な情報源であり、たとえば病院、学習塾、商業施設、老人ホームといった看板の種類で、その地域の居住者の年齢層や家族形態を想像することができる。また祭りや町内会のイベントの貼り紙が多い地域ではコミュニティ間のつながりも密接であること、「熊に注意！」の貼り紙からは熊の出没の危険性がある、山

昭和町のマンホール
（明治から昭和にかけて隆盛した豊川油田と潟上市の花バラがデザインされている）

Column コラム5

と人里の境界が曖昧な地域だということが分かる。そのほか馬肉を食べる文化がある地域では、精肉店の看板に馬の絵がデザインされていたり、スーパーの貼り紙に馬肉の文字を見ることもある。

　観光案内板が設置されている場合、外から旅行者が来訪する地域であることが分かる。さらに日本語以外の外国の言語が併記されている場合は、海外からの旅行者もそこに含まれうること、またその言語の種類によってどの国や地域の来訪者が多いのかも窺い知ることができる。

　これらはそこに住む者にとってはありふれたものだが、ほかの地域においては必ずしも普遍的ではない。このような「地域らしさ」の要素を発見したなら、これらがどのように相互に関連し合っているかを読み解くことが重要になってくる。

　ある集落では各住宅の敷地の一角に屋敷神が、各地に庚申塚が置かれ、中心地には立派な神社が位置し、お盆には墓地に藁で作られた精霊馬が供えられている。このことから、古くから民間信仰を大

阿仁合駅に置かれた熊のぬいぐるみ
（熊は観光資源として利用されることもある）

切にしている地域であることが分かる。またある集落ではコンビニやスーパーが1軒もないが、廃屋は見当たらず新しい住宅も数多くある。一世帯につき自家用車を複数台所有していることから、必要なものがある場合は車で15分ほどの距離にある市街地や大型ショッピングセンターへ買いに行くという生活形態をとっていることが推測される。ある集落では商店街に廃業した店舗跡が立ち並んでおり、それらが建築の様式や資材から同時代に建てられたものであることから、現在は過疎化で商業が衰退しているが、かつてある時期には栄えていた歴史を窺うことができる。

　もちろん野外観察だけで読み解きが完成するものではなく、地図や土地利用図、各種統計、住民への聞き取りなど、そのほか様々な資料とあわせて、総合的に捉えることも必要だ。知識を蓄積しつつ、課題となっている事柄を明らかにしていくことが、地域理解の第一歩である。

芝野新田と四ツ小屋の間にある池
（文献や地図を参照すると、付近に流れる岩見川が17世紀に開削されたときにできた河跡湖であることが分かる。この地域では低く傾斜したこの一帯を農地として利用し、かつての自然堤防上に集落を形成している）

コラム5　ありふれた日常の風景から探る地域らしさ　153

第6章 秋田と現代世界

県北の旧鉱山地域からみる
グローバル化

髙村　竜平

グローバル化する世界の中の地域

　2011年3月の東日本大震災から数カ月がたったころ、秋田魁新報に一本の記事が掲載された。県内の廃棄物最終処分場に運び込まれる予定の廃棄物に、基準値を超える放射性物質が含まれることが分かったというものだった。津波の被害と原発事故は太平洋岸でおこったことで、3月11日から12日にかけては停電があり、筆者自身も発生直後は生活物資の購入に並んだりもしたものの、ガソリン不足などを除いては、秋田市内ではそこまで大きな混乱がなかったように記憶している。むしろ秋田県庁から被災地に職員を派遣するなど、どちらかというと支援する側であった。私が交流事業を担当する韓国の協定締結校から、何か支援が必要なことはありませんか、と連絡を受けた際も、「こちらは後方ですから大丈夫ですよ」と話したほどだ。秋田県は東北6県で唯一、この震災による死者も発生せず、「被災地」という自覚がなかったところに、とつぜん放射性物質のニュースが飛び込んできたのである。

　さらに筆者にとって驚きだったのは、その廃棄物が千葉県の流山市や松戸市から運ばれてきていたということだった。この地域は、原発事故のあった場所から離れているにもかかわらず、放射線量の高い「ホットスポット」として報道されて

セシウム含む灰 本県に

千葉から運搬、基準の3.5倍

千葉県流山市のごみ焼却施設で排出され、大館市にある民間の廃棄物処理場で処理される予定の焼却灰に、基準の約3・5倍の放射性セシウムが含まれていたことが11日、分かった。県は詳しい経緯の調査に乗り出した。

県環境整備課によると、1キロ当たり2万8100ベクレルの放射性物質が検出された焼却灰が9日、流山市の施設から30トン排出された。11日午後11時半現在、10トンは貨物列車でJR大館駅まで運ばれ、20トンは大館市内の操車場にある。大館市のDOWAグループのエコシステム秋田で薬剤による固化処理をした後、小坂町のグリーンフィル小坂で埋め立て処理する予定。

国は8千ベクレルを超えた場合に一時保管するよう基準を定めており、県はきょう12日に大館駅や処理施設などで放射性物質の濃度を測った上で今後の対応を決める。

また、グリーンフィル小坂には震災後、流山市の同じ施設から運ばれた焼却灰が埋め立てられた可能性があり、県が量や放射性物質の有無を調べる予定。

(小松嘉和)

『秋田魁新報』2011年7月12日30面

いた。そして当時、流山市には日本現代史を研究する友人が暮らしていたので、すぐにこの件を電話した。

　このときの混乱と困惑をもとに、筆者はその友人を含む何名かと共同研究をすすめて、『復興に抗する　地域開発の経験と東日本大震災後の日本』(有志舎、2018)という本を出版した。その調査の過程で注目するようになったのは、地域の自然環境に基づいた産業や生業と、政治的経済的な状況との関係、そしてその変化であった。

　地域社会の特徴的な産業や生業、また社会文化的な伝統は、地域の自然環境にねざしている。その具体的な例は、本書や

姉妹編『秋田を学ぶ〜自然と社会〜』でも多数紹介されている。一方で、その地域社会と自然環境のかかわり方は、歴史的に変化するものでもある。たとえば、ここでいう「経済」の重要な部分として技術がある。技術が発展するとは、それまで資源として活用することのできなかったものが活用できるようになる、という経済的な有用性を前提としているからである。したがって、それまでの技術的な条件では活用されていなかったものが、活用されるようになったり、逆にそれまでは有用物とされていたものが、経済的な条件の変化によって不要になったりもする。

　歴史的な変化の要因としては、地域内での変化のみならず、地域外からの影響、とくに政治的経済的な状況の変化も大きい。たとえば国境や行政区画の境界線変更によって、その地域が属する政治的な中心が変わることで、地域の位置づけが変化することもある。

　また、地域社会を考える際には、どうしても一定の地理的な領域やその領域内でつながる社会関係に焦点を当てることになりがちである。しかし実際には、このように地域の変化は地域外との関係の変化によってももたらされる。とくに現在では、通信技術の進展によって、おなじ地域にいても異なるネットワークに接続することが可能である。そしてそのネットワークは、地域どころか国境を越えたグローバルなものでもある。

　一方で、どんなに仮想ネットワークが発達したとしても人間も生物であることには変わりなく、衣食住が確保されなけ

れば生きていくことは不可能である。日常生活を送るためには、日常的な移動の範囲内に居場所があり、その範囲内で必要な物資を調達できなければならない。また、生活のためには対面的な人間関係は不可欠である。災害の際に問題になるのは、この居場所や物資調達の場が破壊されるからであるし、どんなに自立した生活であろうと、最低限の直接的な人間関係がなければ生きていけないことは、コロナ禍で再確認されただろう。日常生活を送る場としての地域社会は、人間が生きていくうえでなくてはならないことに変わりはない。

地域の自然環境は大きく変わらなくても、地域の外からの影響のもと、その環境が地域住民にとってもつ意味は変化していく。さらに、とくに近代以降になると、人の営みが自然環境に影響することもある。本章では、そのような視点をもって冒頭の事件が示す地域の歴史、それも今につながる同時代の歴史を描いてみたい。

鉱山地帯としての北鹿地域の形成

本章で対象とする、秋田県の東北部、岩手県や青森県との県境付近の大館市・鹿角市・小坂町一帯は、「北鹿」と呼ばれてきた。現在の鹿角市と小坂町にあたる領域は江戸時代には南部藩に属しており、花輪がその中心地であった。現在の大館市は秋田藩の一部として支城がおかれ武士も居住していた。鹿角・小坂と大館の間では、戊辰戦争の際には戦闘もおこっていた。明治維新直後には、鹿角と小坂の行政区画はめまぐるしく変わったが、1871年から秋田県に属することに

なった。

　秋田県内くまなく、各所に非鉄金属鉱山が分布している。現在の北秋田市内にある阿仁や湯沢市の院内などがよく知られているが、北鹿地域もまた鉱山が集中する地域の一つである（図1）。江戸時代からすでに、鹿角に位置する尾去沢鉱山や小坂鉱山で、銀や銅が生産されていた。また花岡鉱山は幕末に発見され、明治期には小林清一郎という人物が経営していた。

　明治維新を前後してはじまった西洋からの近代的な技術の導入は秋田県をはじめとする東北の鉱山にもおよび、北鹿地域の鉱山でも近代的な採掘と製錬施設が設置されるようになった。秋田内陸鉄道阿仁合駅ちかくにある「異人館」がそのような技術支援の遺跡としてよく知られているが、小坂鉱山でもドイツから技術者クルト・ネットーが招かれた。ネットーは1873年から1877年まで滞在して技術指導を行ったのち東京大学の設立とともに教授となっている。

　技術の近代化だけでなく、政府と結びついた企業による大規模な鉱山業が戦前期の北鹿地域の中心的な産業となった。それが、藤田組による大館市の花岡鉱山や小坂町の小坂鉱山であり、三菱による鹿角市の尾去沢鉱山である。なお藤田組は戦後「同和鉱業」と社名を変更し、2006年から組織を改革して現在のDOWAホールディングスとなっている。三菱鉱山は、現在の三菱マテリアルの前身である。三菱はいうまでもなく、藤田組もまた、藩閥政府と結びついた政商であった。長州出身の藤田伝三郎が、戊辰戦争の官軍の装備を調達したことか

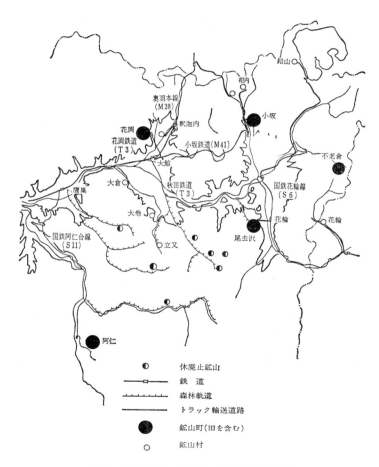

図1　北鹿地域に存在した主な鉱山と鉱山町
（斎藤實則『鉱山と鉱山集落』大明堂、1975より）

らはじまったのが藤田組だったのである。

　一つ触れておきたいのは、かつて花岡-大館-小坂を結んでいた小坂鉄道の存在である。小坂鉄道は鉱山での物資輸送のため1908年に大館-小坂間で小坂鉱山専用の鉄道として開通し、翌年からは小坂鉄道株式会社として旅客営業も開始した。1914年には花岡-大館間に花岡鉱山専用鉄道が開業し、その後まもなく花岡鉱山は藤田組が買収し花岡-大館間も小坂鉄道花岡線となった。花岡鉱山は小林清一郎の経営時代から鉱石を小坂鉱山に売却しており、そのための鉄道建設であった。江戸時代には二つの藩に分かれていた小坂・鹿角と大館が明治以降にひとつの地域となっていく過程を、小坂鉄道は象徴的に表しているともいえるだろう。この鉄道は1994年に旅客輸送を終了し、2009年には廃業したが、小坂町には駅舎跡が残されており、また小坂-大館間の一部はレールバ

写真1　旧小坂鉄道小坂駅

イクコースとなって、いずれも観光資源として活用されている（写真1）。

黒鉱の時代

　この地域にとって転機になったのは、明治末から大正にかけての、藤田組による黒鉱製錬技術の確立である。黒鉱は、銅・銀などの金属の硫化物が混合した鉱物で、黒色をしている物の総称である。北鹿地域の地層は黒鉱を多く含んでいるが、金属成分を取り出すことがむずかしく、ながく活用できていなかった。藤田組は1899年ごろからこの黒鉱から銅を取り出す製錬技術の試験を開始し、1902年にはその技術を利用した新しい製錬所を開いた。なお黒鉱とその製錬技術については、秋田大学の鉱業博物館に詳しく展示されている。

　このように黒鉱の製錬技術を確立することで藤田組は成長

写真2　国指定重要文化財　小坂鉱山事務所

し、北鹿地域の大館・小坂・花輪は鉱山都市として成長した。黒鉱により栄えた小坂鉱山では、ヨーロッパ式の建築物である小坂鉱山事務所が文化財として現在も保存されており、鉱山の歴史をつたえる歴史資料館として公開されるとともに、木造の芝居小屋である康楽館など周囲の施設も含めて、レトロな観光施設となっている（写真2）。

　一方で、硫化物から金属を取り出す製錬の工程は、同時に亜硫酸ガスを発生させ、周辺地域とくに農地に煙害をもたらしもした。このような被害に対しては、鉱山の労働運動と結びついた農民運動の影響もあり、賠償が行われてきた。藤田

表1　旧大館市の産業分類別従業者数

年　度	1963	1966	1969	1972	1975
農林水産業	―	706	607	271	296
鉱業	2,054	2,462	2,802	2,524	1,971
建設業	1,866	3,173	4,329	4,060	3,950
製造業	3,385	4,058	4,537	4,221	4,268
卸小売業	5,932	6,723	7,868	9,003	9,322
金融・保険業	539	798	734	839	661
不動産業	44	68	154	163	183
運輸通信業	2,480	3,213	2,941	1,331	1,285
電気ガス水道業	216	303	152	152	123
サービス業	3,747	4,566	5,257	4,260	4,442
合　計	20,263	26,070	29,381	26,824	26,501
鉱業従事者の割合	10.1%	9.4%	9.5%	9.4%	7.4%

（大館市『第6回大館市の調査資料（昭和49年、50年分）』1975、同『第8回大館市の統計資料（昭和53・54・55年分）』1986、大館市『第13回大館市の統計（平成3・4・5年分）』1994、および「政府統計の総合窓口e-Stat」(https://www.e-stat.go.jp/) 中の「事業所・企業統計調査」より筆者作成）

組は農業試験場を設置して毎年の煙害の状況を調査し、農民との交渉に基づいてその年の補償金額を決定した。この補償は、1968年に亜硫酸ガスから硫酸を生産するシステムが確立するまで継続した。また製錬所からの排水に含まれる物質による排水害に対応した農業用水路も建設された。

　一方、煙害の影響で樹木の生長が阻害されたため、小坂鉱山周辺には煙害につよいアカシア（ニセアカシア）が植林された。今日、アカシアは小坂町のシンボルとなっており、アカシア蜂蜜が名産となっているほか、6月に行われる町をあげてのイベントも「アカシア祭り」という名で行われている。

（単位：人）

1978	1981	1986	1991	1999	2001	2004
269	736	238	326	160	319	135
1,539	1,613	896	397	46	17	16
4,340	4,192	3,542	3,675	3,797	3,483	3,212
4,484	4,931	5,310	6,985	5,061	4,614	4,488
9,754	10,478	9,769	9,475	9,335	9,547	9,239
756	923	1,022	1,004	849	790	652
241	234	245	228	254	193	210
1,340	2,769	1,724	2,130	1,894	1,918	1,704
131	157	134	108	90	132	65
4,693	7,359	5,614	5,997	6,706	8,694	7,304
27,547	33,392	28,494	30,325	28,192	29,707	27,025
5.6%	4.8%	3.1%	1.3%	0.2%	0.1%	0.1%

注記：大館市は1967年に、花岡鉱山が立地していた花矢町を編入している。本表では1967年から2004年までの大館市域を対象とするために、「1963」および「1966」の列には編入前の大館市と花矢町の数値を合計したものを記した。なお2005年には比内町・田代町が大館市に編入されているが、両町の範囲は含まれていない。

黒鉱開発による鉱業は、藤田組が同和鉱業として再出発し
た戦後もつづき、とくに1960年代には「黒鉱ブーム」と呼ば
れるほどであった。同和鉱業は1959年と1962年に小坂で、
1966年には花岡で新たな黒鉱鉱床を開発したが、このよう
な新鉱床開発の動きは同和鉱業以外にも広がった。が、それ
は今日から見れば最後の輝きでもあった。1970年代の変動相
場制導入に伴う円高などにより、海外からの鉱物の買い付け
が増加し、国内での採掘は規模を縮小していく。1970年代
以降には海外での資源購入が経済的にまさるようになり、と
くに1985年のプラザ合意に基づく円高の進行が決定的な契機
となって同和鉱業はこの地域での採掘を縮小していき、1994
年を最後に採掘は行われなくなる。この時期の鉱業縮小の影
響を示すのが、大館市における産業別従業者数の調査である。
「黒鉱ブーム」の60年代から70年代初めまでは、鉱業事業所
従業員は全体の従業者数の約10％を占めていたが、その後し
だいにその割合を減少させ、86年には3.1％、91年には1.3％
になってしまう（表1）。もちろん、間接的に鉱業にかかわる
建設業や小売業など他の産業はここに含まれていない。
　三菱金属鉱業（当時）が経営していた鹿角の尾去沢鉱山も、
1965年に製錬を終了し、1978年に採掘も終了して閉山する。
その後、1982年からは観光施設「マインランド尾去沢」とし
て再開し、現在は「史跡尾去沢鉱山」として坑道の見学など
が可能である。

リサイクルと廃棄物処理

　北鹿地域での採掘が縮小しつつある1970年代から、同和鉱業は金属リサイクルに参入する。電子基板などには各種の金属が含まれており、そこからの有用金属の取り出しに、複雑な組成をもつ黒鉱を製錬する技術が応用されたのである。1999年には国の事業として「秋田県北部エコタウン計画」が認められ、北鹿地域を含む米代川流域の9市町村で計画がすすめられた。その中核のひとつは「鉱業関連技術や基盤を活かした金属リサイクル」で、家電や自動車の部品などのリサイクル事業が行われている（秋田県「秋田県北部エコタウン計画について」https://www.pref.akita.lg.jp/pages/archive/87）。

　そのほか、花岡および小坂で、露天掘りによってできたくぼみやその周辺が、廃棄物の最終処分場となり、花岡には廃棄物の中間処理施設も設けられた(図2)。このように、鉱石の採掘を停止し製錬事業を残したうえで、廃棄物処理とリサイクルがこの地域におけるDOWAグループの主要事業となった。

　ここでようやく冒頭の事件に話がつながる。この廃棄物処理場に、関東をはじめとする他地域からの廃棄物が搬入されていたのである。小坂町では最終処分場「グリーンフィル小坂」が2005年に開業したが、その年からすでに埼玉県加須市・騎西町（当時）・千葉県松戸市・習志野市から一般廃棄物を受け入れていた。松戸市と並び、2011年に問題となった基準値を超える放射性物質を搬入していたもう一つの自治体である千葉県流山市は、2009年からグリーンフィル小坂に一般廃棄物を搬入していた（小坂町役場資料より筆者調べ）。

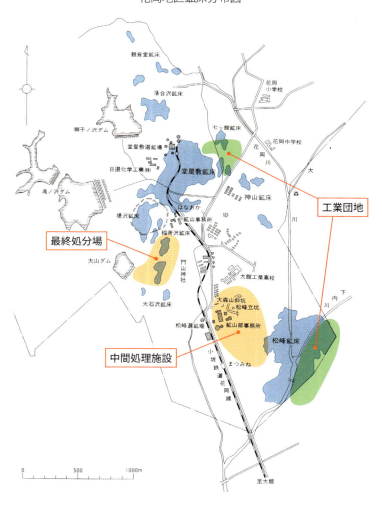

図2　1985年当時の花岡鉱山（左）・小坂鉱山
　　（社史編纂委員会編（1985）『創業百年史

小坂鉱山鉱床分布図

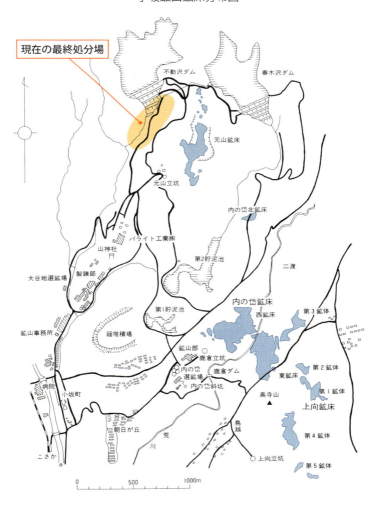

（右）の施設と、現在の廃棄物処理施設の立地
資料編』同和鉱業株式会社を一部改変）

産業廃棄物は、日本の各地で不法投棄などがありこれまで
も問題として取り上げられてきた。しかし震災後の放射性物
質の問題は、一般廃棄物、つまり工場などの事業所が出すゴ
ミではなく、家庭から出されるゴミに含まれていたものであっ
た。産業廃棄物とは異なり一般廃棄物については、じつは関
東から東北へ大量に運ばれ処分されているのだが、この点は
あまり知られていない（図3）。2011年の事件のポイントはこ
こにある。すべての人の日常生活にかかわる一般廃棄物に放
射性物質が含まれており、そしてそれが、ほかの地域に運ば
れてきていたのである。産業廃棄物の問題に取り組んできた
弁護士が、一般廃棄物については「一般廃棄物（の焼却灰）が
他県に広域処理されているなどという話は全く知らず、てっ
きり自県内（せいぜい関東・東北などの自圏内）で埋め立てら
れているものと考えていました（これに対して、産業廃棄物は
昔から広域移動の問題があり、日弁連（廃棄物部会）の意見書・
決議等でも取り上げています）。」（北奥法律事務所ブログ
https://www.hokuolaw.com/のうち「秋田県・小坂町の「千
葉の高濃度焼却灰の搬入埋立問題」に関する日弁連調査③住
民訴訟の弁護士費用保険、焼却灰の過疎地埋立ほか」より。
図3は同ブログで紹介された資料の最新版である）と述べる
ほど、一般廃棄物の広域移動は注目されていない。
　もっとも、私自身も「気が付いていなかった」一人である。
震災に先立つ2009年度、当時教育文化学部に在籍していた
日高水穂さん（現関西大学教授）と共同で担当していた学生調
査実習の調査地として小坂町を訪れた。夏休みの集中的な調

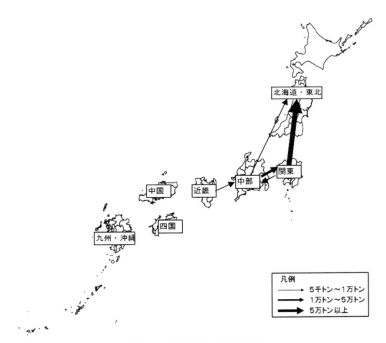

図3　一般廃棄物の広域移動
(『令和4年度 廃棄物の広域移動対策検討調査及び廃棄物等循環利用量実態調査報告書（広域移動状況編 令和3年度実績）』(環境省環境再生・資源循環局、2023.3より)

査とその後の追加調査をへて、学生たちのレポート13編を含む報告書を作成したが、私は各レポートの背景となる、近現代の歴史を概観する文章を書いた。そこで採掘を停止した以降のことは、「近年では黒鉱製錬の経験を活かし、現在使用済み電気・電子製品からの金属資源開発に応用され、リサイクルの街として再興を図っていることもよく知られている」とのみ記していた（髙村竜平「近現代の小坂町と小坂鉱山」、

日高水穂・高村竜平編『小坂町　記憶と生成の民俗誌』、2010、
秋田大学教育文化学部）。今考えれば、そもそも「リサイクル」
は廃棄物を再利用することなのだが、2009年の私は「使用
済み電気・電子製品」が廃棄物であることに気が付いていな
かった。本章で述べたほとんどのことは、2011年の問題がお
こり、その原因を調べはじめてから私が知ったことである。

アジアからの鉱山労働者の軌跡

　このように、海外からの技術導入や為替レートのようなグ
ローバルな要素が、地域に与える影響をみることができる。
それぞれの地域に、その地域の状況におうじて、グローバル
化の影響がある事だろう。ただし、北鹿地域で「グローバル
化」を考えるときに、やはり外すことができないのは、朝鮮
や中国からの鉱山労働者という形で生じた、とくに太平洋戦
争前後におけるアジアとのかかわりである。もともと各鉱山
には各地からの移住民によって鉱山町が形成されていたが、
この移住の範囲は中国・朝鮮に及んでいた。

　このうち1945年の終戦直前に、花岡鉱山に強制連行され
た中国人の脱走事件である「花岡事件」についてはよく知られ、
毎年大館市主催の慰霊祭も行われている。また、2023年に
は尾去沢鉱山でも中国人犠牲者の慰霊碑が建立された（「中国
人強制連行被害者を追悼　鹿角市、旧尾去沢鉱山に記念碑
関係者、平和への誓い新た」『秋田魁新報』2023年11月4日16
面）。

　また朝鮮人労働者は、1930年代から故郷での生活苦による

出稼ぎ労働者として各鉱山町に定着しはじめた。野添憲治の聞き取りによれば、ある朝鮮人は1936年に鹿角市毛馬内にいた伯父を頼って仕事を探しに来て小坂鉱山に採用され、その後故郷の親戚や隣人が集まるようになり飯場を経営するようになったというが、食糧不足により2年でやめ、古鉄商になっている。中国との戦争がはじまり国家総動員体制が敷かれると、朝鮮でも政府による強制動員がはじまり、鉱山事務所近くに設けられた宿舎には300人を超える朝鮮人労働者がいたが、食糧不足と重労働にたえられず逃亡したものが多数いたという。

　また、1944年5月には花岡で坑道の陥没事故がおこり、日本人11人と朝鮮人11人が犠牲になっている。「七ツ館事件」と呼ばれるこの事件では、坑道が伏流水により水没し、遺体は回収されないままになっている。花岡事件で集団逃亡した中国人は、この事故のために新たな水路を掘削するために連れてこられた人々であった。七ツ館事件の慰霊碑は、花岡の信正寺前に建てられ、地域の人々によって慰霊祭が行われている。

　戦後も在留する朝鮮人もおおく、1947年の鹿角地方事務所による調査では、尾去沢町240人、花輪町97人、毛馬内町27人、大湯町34人、錦木村11人（以上現鹿角市）、小坂町44人となっている（秋田県公文書館所蔵　鹿角地方事務所より秋田県総務部長宛「飯米台帳による外国人の国籍別人員調査」1947年11月19日、秋田県調査課『昭和二十二年度　昭和二十三年度　外国人登録通牒綴』より。ただしこの資料がど

第6章　秋田と現代世界—県北の旧鉱山地域からみるグローバル化—　171

の程度実情を反映しているのか注意が必要ではある)。

　これらの朝鮮人は当然日本人ともかかわりつつ地域で生活を行っていた。そのことを示す一つの例として、1948年5月に小坂・花岡・花輪・尾去沢で税務署と警察によりいっせいに行われた大々的な密造酒摘発事件をあげよう。この事件では、朝鮮人33名と日本人(朝鮮人男性の妻)3名が起訴されたが、材料の米や麹をだれが買ったかという質問に対して29名が「日本人」と答え、できたものは誰に売るつもりだったかという質問にも28名が「日本人」と答えていた(朝鮮大学校図書館所蔵「布施辰治弁護資料」のうち「秋田大館一件」より)。密造酒を作って売っていたのは朝鮮人とその家族であったが、原料を供給し製品を消費していた、つまり密造酒を必要としていたのは地域の日本人住民だったのである。

写真3　大館市花岡の七ツ館事件慰霊碑前での慰霊祭(2019年)

このような、日本の外を含む人の行き来が残したものとして、現在鹿角の名物となっているホルモン料理がある。「鹿角ホルモン」あるいは「花輪ホルモン」などとしてしられるホルモン料理は、住民が味付け肉を専門店に買いに来るほど地域に定着したものであるが、それは朝鮮半島出身の飲食店主が開発したものであった。しかし調味料には花輪の老舗醸造店の味噌や醤油も用いている。また調理器具として使われるのは、中国に由来するジンギスカン鍋である。鹿角のホルモン料理は、地域内外のさまざまな人の動きによって生み出されたものなのである。

北鹿地域にみるグローバル化

　明治以降の北鹿地域は、非鉄金属の生産地という役割を日本の国土の中で期待されていた地域であり、そのためにはヨーロッパからの技術の導入が行われ、西洋式の施設がつくられた。一方で、労働者は近隣地域だけでなく朝鮮半島や中国からも動員されていた。

　70年代の変動相場制の導入などにより日本経済の国際的な地位が変化したことで、鉱山開発という役割は終わりを迎え、それに関連する自然環境や人口施設は、リサイクルと廃棄物処理に活用されたり観光資源となったりしてきている。

　地域の外部との関係の変化に伴って、さまざまな環境やモノが人間にとってもつ意味を変えてきていることに注目することで、たとえばアカシア蜂蜜や鹿角ホルモンといった、現在みぢかにある商品からも、地域の自然環境やその意味付け

の歴史的な変化、そしてそのような状況の下で地域のひとびとの生きるための努力を読み取ることができる。この章をよむみなさんが、みなさんになじみのある地域で、グローバルな要素とローカルな要素の相互作用や自分の生活とのかかわりについて考えるきっかけになってくれれば、この章の目的は果たせたと思う。

　ただしその際に重要なのは、その「歴史」の中に、希望に満ちた技術の発展やきらびやかな文化だけでなく、環境被害や強制労働といったあまり見たくない側面もあることを、忘れないことだろう。負の歴史を忘れたとき、私たちがそれをくりかえす可能性は増大するからである。

主な引用・参考文献

【史料】

秋田県調査課『昭和二十二年度　昭和二十三年度　外国人登録通牒綴』(秋田県公文書館所蔵)

『秋田魁新報』2011年7月12日30面

『秋田魁新報』2023年11月4日16面

大館市 (1975)『第6回大館市の調査資料 (昭和49年、50年分)』

―――(1986)『第8回大館市の統計資料 (昭和53・54・55年分)』

―――(1994)『第13回大館市の統計 (平成3・4・5年分)』

「布施辰治弁護資料」(朝鮮大学校図書館所蔵)

【ウェブサイト】

「秋田県・小坂町の「千葉の高濃度焼却灰の搬入埋立問題」に関する日弁連調査③住民訴訟の弁護士費用保険、焼却灰の過疎地埋立ほか」(北奥法律事務所ブログ https://www.hokuolaw.com/ より、2024年3月4日最終確認)

総務省「事業所・企業統計調査」（政府統計の総合窓口（e-Stat）e-Stat（https://www.e-stat.go.jp/より、2024年3月4日最終確認）

美の国秋田ネット「秋田県北部エコタウン計画について」（https://www.pref.akita.lg.jp/pages/archive/87、2024年3月4日最終確認）

【二次文献】

あんばい・こう（2007）『食文化あきた考』無明舎

小坂町史編さん委員会編（2023）『新編　小坂町史』小坂町

斎藤實則（1975）『鉱山と鉱山集落―秋田県の鉱山と集落の栄枯盛衰』大明堂

佐藤英達（2008）『藤田組の発展　その虚実』三恵社

茶谷十六（2015）「外務省所蔵、花岡鉱山七ツ館事件関係資料について」（『秋大史学』（61）、pp. 74-84）

日高水穂・髙村竜平編（2010）『小坂町　記憶と生成の民俗誌』秋田大学教育文化学部

社史編纂委員会編（1985）『創業百年史』同和鉱業株式会社

中田英樹・髙村竜平編（2018）『復興に抗する　地域開発の経験と東日本大震災後の日本』有志舎

野添憲治編（2005）『秋田県における朝鮮人強制連行：証言と調査の記録』社会評論社

李杏理（2013）「「解放」直後における在日朝鮮人に対する濁酒取締り行政について」（『朝鮮史研究会論文集』（51）、pp. 137-163）

（注記　本章は、科学研究費課題番号16K03036および21H04745の研究成果である。）

Column コラム6

小坂町「康楽館」における町民の演劇活動

大西　洋一

　秋田県鹿角郡小坂町には、明治43年（1910年）に創建された「康楽館」という劇場がある。当時鉱産額日本一となり栄華を極めた小坂鉱山の福利厚生施設として建てられた康楽館は、江戸の芝居小屋の形式を保ちながらも洋風の意匠が加えられた、和洋折衷様式の洒落たたたずまいが特徴的な美しい建物である。「家族慰安会」と呼ばれた観劇会に、鉱山で働く人々はここで歌舞伎芝居を堪能したのだ。この劇場は、昭和45年に一般の興業を中止したが、昭和61年の修復工事を経て復活した。康楽館は「日本最古級の現役木造芝居小屋」として、移築された小坂鉱山事務所とともに小坂町の「明治百年通り」の中心的建築物となっており、平成14年5月には国重要文化財に指定された。

　このように康楽館は秋田県の観光資源として重要な文化遺産であるが、本コラムではこの芝居小屋の中で行われた地元町民による文化活動、とりわけ主たる活動であった娯楽鑑賞以外の、創作的文化活動としての演劇実践の興味深い例をいくつか紹介したい。

　まずは、大正時代に康楽館で行われた「新劇」上演である。小坂町出身で秋田県を代表する画家に福田豊四郎（1904-1970）がいるが（康楽館の緞帳は彼の作品「樹氷」である）、彼の次兄は東北学院を卒業後に仙台で代用教員を経て京都薬局専門学校に進んだ福田豊太（明治34年（1901年）～大正15年（1926年））である。豊太は落第して薬専を卒業できず、新劇団の研究生になるなどの紆余曲折を経た後、肺を病んで郷里に帰る。彼は、小坂町劇研究会を率いて、大正12年（1923年）初夏に康楽館でメーテルリンクの戯曲『青い鳥』を上演して好評を博した。その後も、菊池寛『屋上の狂人』『父帰る』、小山

明治の芝居小屋・康楽館（小坂まちづくり株式会社提供）

内薫『息子』、山本有三『海彦山彦』、チェーホフ『街道筋にて』などを上演し、自身の『かがり火』という作品も舞台にかけたという（『小坂町史』(1975年) pp.613-4、『ザ・康楽館』(1993年) p.54)。メーテルリンクは明治・大正期の新劇運動の中で重要な位置を占めた劇作家であり、翻訳も早くから行われて大変人気があったとはいえ、その上演がこの時期の小坂町で行われていたのは、新劇運動の伝播という観点からも大変興味深い。

また、第二次世界大戦後の混乱期には、若者を中心に新しい社会を切り開こうとする芸術文化活動が小坂町に生まれた。昭和21年、□村鎔二が主宰した「白楊文化会」が新劇に取り組み、それは昭和23年「科学芸術協会」に引き継がれ、昭和26年に「テアトルクラブ」（会長・松島宏）と改称された。テアトルクラブは、真船豊、三島由紀夫、堀江史郎、加藤道夫などの作品を上演し、児童劇団「ひまわりクラブ」も傘下で組織しながら、昭和33年まで演劇を通じた文化振興を続

Column コラム 6

けた（『小坂町史』（1975年）pp.613-4）。秋田県立図書館に所蔵されているテアトルクラブ編『テアトルクラブ演劇活動の歩み─小坂町における演劇活動の実際─』（1956年8月）という小冊子を見ると、学校教員や小坂鉱山関係の職業人らが集い「真の民主々義文化建設」のために「自立演劇」の活動に励んだ彼らの熱気が伝わってくる。

　もちろん、康楽館は小坂鉱山労働者のための福利厚生施設であり、鉱山関係者にとっては特に以下の二点において重要な「場」であった。まず康楽館は、労働組合員の「集い」の場であった。小坂鉱山労働組合（編）『写真でつづる四十年』（1986年）に見られるように、組合主催の規模の大きな集会、大会、講演会はきまって康楽館で行われていた。康楽館は楽しむだけでなく、労働者が集い、学び、考え、議論する場でもあったのだ。また康楽館は、労働者自らの演芸・文化活動の「発表」の場でもあった。小坂労組の歌声サークルや演劇サークルは、昭和30年代から40年代前半に全盛期を迎えた。特に演劇サークルは、金子洋文の戯曲、木下順二の民話劇、そして本格的な職場演劇に取り組み、秋田県職場演劇コンクールでたびたび上位に入賞したという。また移動劇団として演劇巡回公演を行い、町内各地の学校で児童劇などを上演したとも伝えられている（小坂鉱山労働組合（編）『労働運動五十年史』（1986年）pp.115-7）。このような康楽館を飛び出した活動もまた、地域の文化振興において重要な役割を果たしていた。

　そして平成時代以降、康楽館はアマチュア劇団が集う「演劇祭」の会場としても利用されてきた。平成16年（2004年）3月27日・28日には第一回「北の演劇祭」が開催され、「花輪高校演劇部、小坂座、北芸の会、大館桂高校、鹿角市演劇を楽しむ会」が公演を行なっている。平成25年（2013年）3月23日に第十回記念公演を迎えたこの演劇祭では、北東北三県の高校演劇部や市民演劇団体、そして地元小坂町

178　秋田を学ぶ～文化と歴史～

民有志らが参加しており、北東北の演劇人が集う祭典として認知されてきた。(『康楽館 公式ガイドブック』(2010年) pp.16-7)。また、第29回国民文化祭・あきた2014では、康楽館は「演劇フェスティバル」の会場となり、全国から集まったアマチュア劇団が公演を行った。そして「北の演劇祭」は、2015年以降「康楽館演劇祭」と名前を変えて毎年開催されている(主催・康楽館演劇祭実行委員会、事務局・小坂町教育委員会学習振興班。なお、コロナ禍により令和2年(2020年)～3年(2021年)は中止)。「康楽館」という文化資源と一般市民による文化活動の振興とが組み合わせられた注目すべき実践が、今後も末長く継続することを期待したい。

　このように、小坂町が誇る歴史的建造物として県内外からの訪問客を集めている康楽館は、中央から来た劇団の公演を見て楽しむ鉱山の町の人々の憩いの場としてのみならず、小坂町に暮らす人々の文化活動の拠点としても大いに活用されていたのである。

＊『秋田英語英文学』第56号(2015年3月)所収の拙論の「附録」として付けた「日本における「北」の演劇——秋田県鹿角郡小坂町「康楽館」における演劇活動について」(pp.11-3)を改稿。

あとがき

　「はしがき」にもあるとおり、本書は二編からなる『秋田を学ぶ』の姉妹本のひとつで、いわゆる人文学系の分野を念頭に書かれた「文化と歴史」編である。人文学とは、ごく簡単にいうと"人間の所産"を対象とする学問の総称のことである。本書に置き換えれば、それは秋田という地に生きた（生きる）人々がその時間・空間のなかで培い、創りあげてきたモノ・コトに関する洞察ということになる。

　私たちにはそれぞれ生まれ育った場所があり、それを自分の拠り所と感じたり、そのために当該の地の由来や歩んできた歴史に思いを募らせたりすることも少なくないだろう。その場合、ひとつ頼りになるのが地誌・郷土誌の類である。ただ、これらの多くは文化編・言語編などに分冊され、かつ一冊の分量も多く、それぞれが図書館の一角に幅広に鎮座していることがイメージされる。つまり自分との接点を探る純粋な関心事ながら、読みたい章なり節なりに辿り着くにはやや敷居が高い。思い返せば、常時自分の手元に置きながら、その土地のあれやこれや―しかも専門的・学問的な知見―をぎゅっと詰め込んで見聞できるような書は、秋田についてはこれまであまり見かけなかったように思われる。

　本書は、秋田大学教育文化学部地域文化学科の一年生に開講されている「秋田学基礎」と「地域学基礎」の内容の一部を

まとめたものである。これらの授業では、多様な専門分野を
もつ教員たちが持ち回りであるいは一同に会して各回を担当
しているが、本書には、まさに"あまり見かけなかった"と
先に述べた秋田に関する専門的知見が"ぎゅっと詰め込まれ
て"いる。読者の皆さまには、その価値や新しさを是非体感
していただけたらと思う。

　秋田文化出版株式会社の石井春彦社長には、2022年9月に
本書の刊行を相談し、その場でご快諾いただいた。また書籍
化の過程では、石井社長はもとより、石井玲子（デザイン）・
菊地信子（編集）両氏からもさまざまなアイデア・ご助言を
賜った。その経緯を記し、改めて感謝申し上げる次第である。

　地域文化学科の創設は2014年に遡るが、本書の礎となっ
ている「秋田学基礎」、「地域学基礎」の必修科目をはじめ、地
域創成に資する学びの形を構築くださったのは志立正知先生、
林良雄先生である。先生方の先見の明があって、当時の授業
構想がそのまま形になったのが本書であるといっても過言で
はない。両先生のご尽力に思いを致すとともに、学生ともど
も、これまでにいただいた学恩に対し、心からの謝意を表す
るものである。

　　　　　　　　編者・執筆者を代表して　　大橋純一

❈ 文化と歴史 ❈

著者紹介

執筆順

佐藤　猛（さとう たけし）　＊編者　【はしがき・第4章】

秋田大学教育文化学部地域文化学科 国際文化講座准教授

北海道出身。博士（文学）〔北海道大学〕。1975年生、専門は中世ヨーロッパの歴史で、国家の誕生に関心を持つ。中公新書『百年戦争』（2020）を執筆し、戦争と平和やジャンヌ・ダルク、ペスト大流行について高大連携授業や秋田大学公開講座を多数行う。

林　武司（はやし たけし）　＊編者　【はしがき】

秋田大学教育文化学部地域文化学科 地域社会・心理実践講座教授

東京都出身。博士（理学）〔千葉大学〕。1970年生、水文学を専門とし、主に水がかかわる様々な環境のあり方や人間社会と水とのかかわりを研究する。秋田県の環境審議会委員や県内ジオパークのガイド養成講座の講師などを務める。

臼木　智昭（うすき ともあき）　＊編者　【はしがき】

秋田大学教育文化学部地域文化学科 地域社会・心理実践講座教授

東京都出身。博士（政策研究）〔千葉商科大学〕。1967年生、持続性のある地域のあり方について、経営学の視点で考える「地域経営」を研究する。国、秋田県等の審議会委員を多数務めるほか、秋田県立大学、放送大学等の非常勤講師、高校への出前授業も行う。

荒井　壮一（あらい そういち）　＊編者　【はしがき】

東北福祉大学総合マネジメント学部産業福祉マネジメント学科准教授

富山県出身。博士（経済学）〔東北大学〕。1978年生、専門は金融論・マクロ経済学。非伝統的な金融政策や物価と経済のかかわりを研究する。能代市総合計画市民協働会議アドバイザーの経験から、地方と中央の現代的な関係性に関心を寄せるに至った。

著者紹介

大橋　純一（おおはし じゅんいち）　＊編者　【はしがき・第1章・あとがき】

秋田大学教育文化学部地域文化学科 国際文化講座教授

新潟県出身。博士（文学）〔東北大学〕。1969年生、方言の現状を調査するとともに、古文献との対照などから、日本語が辿りつつある変化の諸相を研究する。また発音の機械分析を通して、方言音声の特質を客観的に究明する取り組みも進めている。

長谷川　章（はせがわ あきら）　【コラム1】

秋田大学教育文化学部地域文化学科 国際文化講座教授

宮城県出身。文学修士〔東京大学〕。1962年生、専門はロシア文学・映画史・文化史。近年は、ソ連後期から現代までの映画、アニメーションを対象に、現代ロシアでソ連の記憶がどのように継承されているかについて研究活動をおこなっている。

清水翔太郎（しみず しょうたろう）　【第2章】

秋田大学教育文化学部地域文化学科 国際文化講座講師

栃木県出身。博士（文学）〔東北大学〕。1989年生、秋田藩佐竹家を中心とした、近世大名家の研究に取り組む。近著として、『近世大名家の婚姻と妻妾制』（思文閣出版、2024年）。秋田市公文書管理委員会委員と大仙市アーカイブズ運営審議会委員を務める。

中尾　信一（なかお しんいち）　【コラム2】

秋田大学教育文化学部地域文化学科 国際文化講座准教授

愛媛県出身。文学修士〔筑波大学〕。1965年生、アメリカ合衆国の文学と映画を中心に文化と社会の関係を研究している。映画館という存在が歴史的に果たしてきた重要性及び秋田県内の映画館の現状とその活性化に向けた様々な取り組みに関心を持っている。

著者紹介

佐々木千佳（ささき ちか）　【第3章】

秋田大学教育文化学部地域文化学科　国際文化講座准教授

山形県出身。博士（文学）〔東北大学〕。1974年生、西洋美術史を専門とし、イタリア・ルネサンス期の都市における芸術作品の生成と受容について研究を行う。秋田市立千秋美術館の協議会委員や、高校生や県民の方を対象とした公開講座の講師も務めている。

辻野　稔哉（つじの としや）　【コラム3】

秋田大学教育文化学部地域文化学科　国際文化講座准教授

長崎県出身。博士（文学）〔東北大学〕。1963年生、専門は19・20世紀フランス文学、映画史など。詩人アポリネールの諸作品の分析やフランスを中心とする映画史の研究を行っている。秋田県芸術選奨選考委員、放送大学客員准教授を務める。

内田　昌功（うちだ まさのり）　【第4章】

秋田大学教育文化学部地域文化学科　国際文化講座准教授

静岡県出身。博士（文学）〔北海道大学〕。1972年生、主に都市や民族を題材として中国の歴史の特質について研究している。大学では歴史教育とともに中国語の授業を担当し、アジアと日本を結んで活躍できる人材の育成に力を注いでいる。

石井　照久（いしい てるひさ）　【コラム4】

秋田大学教育文化学部学校教育課程　英語・理数教育講座教授

秋田市在住。博士（理学）〔筑波大学〕。生物学と生物学教育が専門である。当たり前であるが私たちが食べているものはすべて生き物である。そのため、もともと食いしん坊なこともあり、自分の専門の生物学とあわせ「食べる生物学」講座を一般向けに実施してきた。

著者紹介

志立　正知（しだち　まさとも）　【第5章】

秋田大学名誉教授

東京都出身。博士（文学）〔東北大学〕。1958生、『平家物語』などの中世軍記および軍記に関わる伝承研究が専門。近年ではモノガタリが地域の歴史認識形成に与える影響について関心を強めている。著書は『歴史を創った秋田藩』（笠間書院、2009年）など。

羽田　朝子（はねだ　あさこ）　【コラム5】

秋田大学教育文化学部地域文化学科　国際文化講座准教授

福島県出身。博士（文学）〔奈良女子大学〕。1978年生、中国近現代文学を専門とし、主に満洲国や台湾の文学に関心をもち、作品に現れた日本認識について研究する。秋田魁新報の連載「世界×文化」をまとめた『行き交い、集う人々』（2023）の編者の一人。

髙村　竜平（たかむら　りょうへい）　【第6章】

秋田大学教育文化学部地域文化学科　国際文化講座准教授

大阪府出身。博士（農学）〔京都大学〕。1968年生、朝鮮半島とくに済州島の農村社会と近現代史について研究し、その過程で中央と地方にも関心を持ち始めた。秋田については『復興に抗する』（中田英樹と共編著、有志舎、2018）を出版している。

大西　洋一（おおにし　よういち）　【コラム6】

秋田大学教育文化学部地域文化学科　国際文化講座准教授

福島県出身。修士（文学）〔東北大学〕。1965生、近現代イギリス演劇が専門。近年は北イングランドという地域に関心を寄せ、その基幹産業であった炭鉱業および労働者階級の文化表象について、小坂鉱山の歴史との比較も視野に入れて研究している。

秋田を学ぶ　❊文化と歴史❊

2024年11月20日　初版発行

編　者　秋田大学教育文化学部
　　　　　佐藤　猛・林武　司・臼木智昭・
　　　　　荒井壮一・大橋純一

発　行　秋田文化出版株式会社
　　　　☎010－0942
　　　　秋田市川尻大川町2－8
　　　　ＴＥＬ（018）864－3322(代)
　　　　ＦＡＸ（018）864－3323

　　　　ISBN978-4-87022-621-0
　　　　地方・小出版流通センター扱